Tectonic Shifts in Financial Markets :
People , Policies , and Institutions

金融市场结构性转变：
人员、政策和机构

［美］亨利·考夫曼（Henry Kaufman）　著

周代数　靳志伟　译

中国金融出版社

责任编辑：石　坚
责任校对：孙　蕊
责任印制：赵燕红

北京版权登记图字 01－2018－1439

《金融市场结构性转变：人员、政策和机构》一书中文简体字版专有出版权属中国金融出版社所有。

图书在版编目（CIP）数据

金融市场结构性转变：人员、政策和机构（Jinrong Shichang Jiegouxing Zhuanbian：Renyuan、Zhengce he Jigou）/（美）亨利·考夫曼著；周代数，靳志伟译.—北京：中国金融出版社，2018.11

书名原文：Tectonic Shifts in Financial Markets：People, Policies, and Institutions

ISBN 978－7－5049－9690－9

Ⅰ.①金…　Ⅱ.①亨…②周…③靳…　Ⅲ.①金融市场—研究—美国　Ⅳ.①F837.125

中国版本图书馆 CIP 数据核字（2018）第 180827 号

出版　　**中国金融出版社**
发行

社址　北京市丰台区益泽路 2 号
市场开发部　（010）63266347，63805472，63439533（传真）
网上书店　http：//www.chinafph.com
　　　　　　（010）63286832，63365686（传真）
读者服务部　（010）66070833，62568380
邮编　100071
经销　新华书店
印刷　北京市松源印刷有限公司
尺寸　148 毫米×210 毫米
印张　4.75
字数　112 千
版次　2018 年 11 月第 1 版
印次　2018 年 11 月第 1 次印刷
定价　58.00 元
ISBN 978－7－5049－9690－9
如出现印装错误本社负责调换　联系电话(010)63263947

序　言[①]

　　我与亨利·考夫曼相识已有六十余载。回首我们多年的交情，我认为为这份友谊增光添彩的人是我。我比亨利大6周，高12英寸（约30厘米）。而且在我的记忆里，或许他的记忆有所不同。59年前，我们在纽约联邦储备银行（Federal Reserve Bank of New York，纽约联储）初次相遇时，我觉得我比他略胜一筹。

　　不过，若上述情况属实，我也知道亨利比我聪明，因为他来美联储时，他的学位证书比我多。他先是获得了数学学位，又拿到了经济学博士学位。当时，那可是真正的经济学。他写了4本书（包括这本），而每本书都能展现他对经济学的浓厚兴趣和在这一领域的专业学识。我以前只写过半本书，所以说他的产量是我的8倍。

　　我知道考夫曼是一个慷慨大方的人。他赞助的教育机构比我去过的还多，在这个学校担任教授，在那个学校捐赠一栋大楼，不一而足。我能与大家分享的、最为重要的事实就是，在利率方面，亨利知道的比我多。这也许出乎你们的意料。我是怎么知道的呢？有一本小小的书，共696页，书名叫《利率史》（*A History of Interest Rates*）。这本书贯穿古今，上自古巴比伦时期，下至当今华尔街。作者不是亨利，但

　　① 2011年12月6日，在我荣获"外交政策协会（Foreign Policy Association）政治家奖（Statesman Award）"时，沃尔克最初以《亨利·考夫曼：畅所欲言，让国家更美好》（*Henry Kaufman: Speaking his Mind, Making the Country Better*）为题在纽约外交政策协会就该文本发表了讲话。经外交政策协会同意，现将其转载于此。

1

我知道亨利读过这本书，理由有二：一是他为本书撰写了前言。我有这本书的最新版，我了解亨利，我知道，若是没有读过一本书的新章节，他是不会为其撰写序言的。二是他对多年前出版的第一版了如指掌。当时，第一版只有 394 页。不过，读了这本书的序言，我想说说为什么我知道他对利率无所不知。

他自己说的："我第一次细读利率史读的是第一版。"他当时刚到所罗门兄弟公司（Salomon Brothers）上班，开始与这本书的主要作者悉尼·霍默（Sidney Homer）共事。悉尼让亨利读这本书，用亨利的原话说："仔仔细细地读。每一页，我都大声读给我的秘书听，这本书对我的职业生涯产生了重大而持久的影响。"我想，实话莫过于此。

你或许知道，从诸多角度而言，我们俩在过去 59 年从事的是相似的职业。其实，从地理角度而言，我们长大的地方也很近，只相距约 5 英里（约 8 公里）；但是从文化角度而言，我们之间的距离就远不止 5 英里了。我在漂亮宜人的新泽西白人郊区长大，那时，我家是典型的美国中产家庭。亨利和他的家人是来自纳粹德国的难民，在乔治·华盛顿大桥（George Washington Bridge）的那一端落了脚。他的经历与我的经历截然不同；实话实说，他的经历更为刺激一点。他后来去了华盛顿高地（Washington Heights），当时，那里可以说是天才诞生的摇篮，其中大部分是来自纳粹德国的难民。我觉得，亨利和亨利·基辛格（Henry Kissinger）上的是同一所中学。在这里，难民们和他们的孩子们总有办法成为美利坚合众国的公民。

回想我在文法学校时，我们学的是乔治·华盛顿、丢到拉帕汉诺克河（Rappahannock）对岸的银币、砍倒的樱桃树、正直的亚伯拉罕·林肯的小木屋等，都是我们自己神话般的历史课程内容。亨利和他在华盛顿高地的同胞们肯定没学过这些。不过，有意思的是，在很短的时间内，他们都拿到了美国国籍。我不知道为什么亨利最终练就了一口纯正的纽约腔，而亨利·基辛格却始终没能摆脱他的德国口音。话虽如此，这些人能够融入纽约社会，并且做出现有的贡献，无疑是美国的骄傲。

回顾亨利的职业生涯和我们做过的一些相似的工作，我必须说：毫无疑问，他深爱着这个国家。不过，他也认识到了美国的错误，尤其是金融市场出现的错误，特别是最近几年出现的错误。亨利成长于美国的金融市场中。

他先是在美联储工作，接着去了所罗门兄弟公司，几年后离职在金融市场创业。他非常清楚世事变化，也同每个人一样担心美国经济和金融系统的问题：债务危机和财政困难。我相信，可以说，意识到这些问题的存在，亨利是想采取行动的。他意识到了这些问题，这是他撰写本书的部分原因。亨利写的书教给我们的重要一课是：金融市场中的人迷失到了何种程度。他们是否遗失了受托责任感？对客户的责任感在哪儿？对机构，个人曾成长的那种机构和合伙企业，不论是公有企业还是私营企业，它们的责任感在哪儿？在充斥着机械性、复杂性和数学模型的金融市场中，个人责任感到底在哪儿？

这些问题的答案，我都不知道，但我知道亨利·考夫曼仍在寻找这些问题的答案。他是一位伟大的美国公民，他直抒己见、畅所欲言，做力所能及之事，理智地、公开地、秘密地让这个国家更美好。

美国联邦储备委员会前主席

保罗·沃尔克（Paul Volcker）

致　谢

跟我的前两本书一样，马里兰大学商业史、金融史教授戴维·西西利亚（David Sicilia）在本书项目中也担任了不可或缺的重要角色：策划编辑。感谢他为本书的架构与连贯所做的贡献。他学识广博，涉猎经济学史，通晓商业和金融市场，我十分佩服、惊叹不已。他为人贴心、鼓励有方，在我偶尔思维短路、写作不畅时，为我梳理思路。我非常感谢他所做的一切。

海伦·卡切尔（Helen Katcher）担任我的首席助理长达 50 年，协助我完成了这个项目以及自我早期在所罗门兄弟工作以来的所有项目。我想象不出比她更加恪尽职守、沉稳耐心的得力助手。

与此同时，我也要感谢皮特·拉普（Peter Rup）和汤姆·卡拉夫奇（Tom Klaffky），感谢他们为本书中的多张图表汇编数据。

作者简介

亨利·考夫曼是经济金融咨询公司亨利·考夫曼公司的总裁，该公司成立于1988年。此前26年，亨利在所罗门兄弟公司工作，担任公司董事总经理，是公司执行委员会委员，他负责4个研究部门。此前，他也是母公司所罗门公司的副总裁。在加入所罗门兄弟之前，考夫曼博士曾在商业银行任职，也在纽约联邦储备银行做过经济学家。

亨利·考夫曼于1927年出生在德国；1948年，获得纽约大学的经济学学士学位；1949年，获得哥伦比亚大学的硕士学位；1958年，获得纽约大学工商管理研究生院银行与金融专业博士学位。1982年，他荣获纽约大学荣誉法学博士学位，1986年和2005年先后荣获耶什华大学和三一学院的荣誉人文学博士学位。

考夫曼博士曾受邀在全球多家领先的经济金融机构做过演讲，三次被《美国新闻与世界报道》评为最有影响力的三十位美国人之一。2001年，全美商业经济协会给他颁发了至高无上的亚当·斯密奖。他撰写了三本书：*Interest Rates, the Markets, and the New Financial World* (1986)、*On Money and Markets, A Wall Street Memoir* (2000) 和 *The Road to Financial Reformation* (2009)。其中，*Interest Rates, the Markets, and the New Financial World* (1986) 因经济写作水平突出，获得哥伦比亚大学商学院 George S. Eccles 奖 (Columbia Business School's George S. Eccles Prize)。

考夫曼博士是一位支持高等教育、知识自由和人文科学的慈善家，是国际教育协会（Institute of International Education）理事及前主席；他也是纽约大学斯特恩商学院监察委员会会长（Board of Overseers of New York University's Stern School of Business）；纽约大学和犹太人博物馆（The Jewish Museum）终生理事；诺顿艺术博物馆（Norton Museum of Art）理事；以色列特拉维夫大学（Tel – Aviv University）理事会成员；动物医疗中心（The Animal Medical Center）荣誉理事及前理事长。他向多所重点大学捐款，成立各类中心，担任主席或董事。考夫曼和他的夫人伊莱恩（Elaine）是纽约市考夫曼音乐中心（Kaufman Music Center）的主要资助人。

译者序

亨利·考夫曼是华尔街最具影响力的人士之一，也是美国著名的经济学家、资深投资家、金融预言家。亨利·考夫曼1927年出生在德国，犹太人，后为逃避纳粹迫害随父母迁居美国。凭借顽强的求知欲，亨利·考夫曼在纽约大学、哥伦比亚大学等攻读经济学、金融学并获得博士学位，后任职纽约联邦储备银行、所罗门兄弟公司、亨利·考夫曼经济金融咨询公司等机构。亨利·考夫曼的金融理论与实践水平都非常杰出，曾获亚当·斯密奖（全美商业经济协会）、George S. Eccles奖（哥伦比亚大学商学院），他还是纽约经济俱乐部、美国经济协会、美国金融协会的成员和经济学家。亨利·考夫曼的经济学和金融学研究非常贴近实务，例如，关于2008年次贷危机的预测，亨利·考夫曼比大多数人更早地发现美国金融体系和央行观念中存在结构性缺陷并一再预警；关于20世纪80年代以来美国家庭债务的激增以及后来的通缩威胁，亨利·考夫曼有着精准的见解；美联储往往在金融市场繁荣时期的放任和泡沫助推，以及在资产价格下跌时的大幅放水，亨利·考夫曼多次预警宏观政策缺乏一致性带来的潜在的灾难性后果；关于美联储对金融体系集中度的纵容，亨利·考夫曼认为"大而不倒"的机构对金融稳定和市场竞争过程构成了严重威胁；亨利·考夫曼一直坚持风险与收益的匹配性原则，并长期信奉"狭义"银行业，他认为商业银行业务与投资银行业务分离的《格拉斯—斯蒂格尔法案》（Glass-Steagall Act）从来都不该被废除，即有担保的存款应该只投资于低风险资产。亨利·考夫曼曾是雷曼兄弟（Lehman Brothers）公司的董事，而雷曼的首席执行官迪克·富尔德从未认真听取他的多次警告，后来次贷危机中的故事大家都耳熟能详。

与亨利·考夫曼此前的著作相比，本书有着更丰富的内涵、更独特的思路和更新颖的表达方式。它避免了繁冗的数据和枯燥的描述，亨利·考夫曼用生动的笔触描述了华尔街的资本风云。在本书中，当你读到所罗门兄弟在资本市场的翻云覆雨，当你读到格林斯潘、伯南克和耶伦先后执掌的美联储不同取向的监管政策对全美金融市场的影响，当你读到桑福德与定量风险管理在美国的逐步兴盛，当你跟着本书回顾 10 年前的"大而不倒"危机，当你了解"垃圾债券大王"的起起伏伏，当你结合中国当前的"宏观审慎"监管再去体会 2008 年全球金融危机与此后的监管改革，当你跟着亨利·考夫曼博士总结近年来金融市场中的结构性转变，相信你和我们一样对本书更会爱不释手。

原著史料丰富、语言生动、故事性强，秉承可读性、趣味性的原则，亨利·考夫曼讲述了华尔街投资市场上发生的历史性事件和美国资本市场的博弈浮沉，深入浅出，这对想了解华尔街的人来说是一部翔实的史料，对想从中获取经验与启发的人来说也多有裨益。期望本书的出版能引发人们的思考和讨论，能给金融理论的研究者、资本市场的参与者、金融行业的监管者带来一些启迪。

在本书的翻译过程中，本着对读者、作者和出版者负责的精神，我们力求在内容和风格上与原著保持一致，尽量做到精准、翔实、便于阅读，译稿中如有遗漏和失误之处，还请读者不吝指正。

周代数　靳志伟

于财政部中国财政科学研究院

2018 年 9 月

目　　录

图表目录

1 起步所罗门兄弟公司

20世纪60年代前夕，就算是最敏锐的金融市场观察员对下一代即将遇到的事情也几乎一无所知。20世纪50年代，美国经济增长放缓。经济恢复到合理的战后水平，而金融市场依旧稳定保守。这主要是因为20世纪30年代美国政府对金融中介机构实施的约束。20世纪60年代初期，经济出现温和衰退，但是并没有出现暗示未来经济走势的征兆。

回望过去，我们现在知道，战后几十年间，就如同地理构造变化重塑了山川大陆一样，金融市场和金融机构发生了前所未有、翻天覆地的变化。就其变化的规模和范围而言，彼时的金融环境如今已几乎无法辨认。自20世纪60年代起，金融服务公司开始突破约束了它们几十年的监管限制。信用机构和金融机构呈现爆发式增长，令人难以置信。以下举例说明1960年到现在的变化：

- 1960年，非金融债务总额为1.1万亿美元，目前为6万亿美元。
- 1960年，美国政府债务总额为3200亿美元，目前为17万亿美元。
- 1960年，抵押贷款市场尚未证券化。如今，大部分抵押贷款都不会留在抵押贷款发起机构的投资组合中，很多抵押贷款最终会出现在"房地美"和"房利美"的投资组合中。
- 1960年，美国共有23700家保险存款机构。现在只有6300家。

很多保险存款机构已经合并了。事实上，目前设有存款机构的十大金融集团控制了全美 75% 以上的金融资产。然而，就是在 1990 年，这十大集团控制的资产也才占全美总资产的 10%。

- 1960 年，根本就没有人谈论金融衍生品。而现在金融衍生品市场规模达到了 630 万亿美元。

- 1960 年，新企业债券发行量净增总额才 34 亿美元。而最近几年，债券发行量超过 50 亿美元的公司不在少数，比如苹果公司发行了 120 亿美元债券，美国零售药店巨头 CVS 发行了 150 亿美元，威瑞森（Verizon）发行的债券市值高达 490 美元。

- 1960 年，互惠基金行业规模为 710 亿美元。如今，该行业的规模达到了 3.6 万亿美元。

也就是在 1960 年前后，所罗门兄弟公司一跃而起，迅速成为货币和资本市场的中坚力量。

在本书中，我回顾了一些重塑第二次世界大战后的金融世界的结构性转变。我的回顾方法全凭印象、较为主观，多数是基于我个人与重要人物的关系和会面得出的个人看法。这是因为金融市场和金融机构的转变，并不是政治领袖和银行营业机构精心策划的、广泛而蓄意的变革，而是私营机构作为与政府部门无为相结合的产物。在商业银行和投资银行领域，沃尔特·瑞斯顿（Walt Wriston）、查理·桑福德（Charlie Sanford）、迈克尔·米尔肯（Michael Milken）等人大力推广新型金融战略和金融工具，从而引发了巨大的市场转变，并不都是积极的转变。就政府官员而言，不论他们当时看起来有多么无意，他们都没能全面考虑或理解实施政府政策带来的长期影响，几乎没有例外。就像夏洛克·福尔摩斯（Sherlock Holmes）在《巴斯克维尔的猎犬》（*The Hound of the Baskervilles*）中告诉我们的一样：不叫的狗可能和爱叫的狗一样令人惊恐。

过去 60 年，我一直密切关注对于我们这个时代具有改革意义的结构性转变，并投身其中，带头调整所罗门兄弟公司的研究方向，使其成为世界顶尖的固定收益研究机构；在公司高层任职，担任执行委员会委员；担任菲布罗公司（Phibro）副董事长（1981 年所罗门兄弟公司被菲布罗公司收购）；后来，掌管自己的投资公司，担任雷曼兄弟公司（Lehman Brothers）董事会成员。

就像战后金融市场中的结构性转变一样，最初我进入所罗门兄弟公司的故事也是一个开始时看似不足挂齿、回首时便知其重要性的故事。回想起来，冒险聘用有像我一样资历的人极富远见智慧。我不仅是银行业与金融博士（我可能是华尔街第一个拥有此学位的人），而且我之前在商业银行和中央银行任职；我并非出身投资银行。

所罗门兄弟公司成立于 1910 年。在公司运作的前 50 年，所罗门兄弟在货币和债券市场树立了良好信誉，拥有很强的竞争力。在我向我在纽约大学的博士生导师马库斯·纳德勒教授征求职位意见时，他说："亨利，在所罗门兄弟公司，你很快就能知道你是否能成功，而且交易日的每分钟，你都能听到现金收入记录机的铃声。"一如既往，他说对了。我决定从纽约联储跳槽到所罗门①，最主要的原因是因为所罗门兄弟公司聘用了全球杰出的利率专家悉尼·霍默。悉尼一生都致力于分析评估货币和债券市场，而当时他正要出版一本创造性著作：《利率史》（*A History of Interest Rates*）。

即便如此，所罗门在 1961 年聘用悉尼和 1962 年聘用我的决定还是非常大胆明智的。尤其是，事实上，所罗门当时没有一个人拥有硕士学位，甚至说合伙人中还有很多人连学士学位也没有。在所罗门工

---

① 我在《考夫曼 2000》（*Kaufman* 2000）中详细介绍了我早期在商业银行工作和在纽约联邦储备银行担任经济学家的经历。

作的都是有实战经验的人，但他们并没有接受过正规学术培训。退一步讲，聘用一个像悉尼一样的分析奇才和一个银行业与金融博士的做法确实与众不同、标新立异。甚至他们自己当时也不能完全理解这种做法会产生什么影响。我们引进了新的分析方法，使所罗门跻身成为行业巨头，最终竞争对手相继模仿，给华尔街带来了另一场结构性转变。

支持聘用决定的主要有开始时负责引荐的查尔斯·西蒙（Charles Simon）和批准聘用决定的威廉·所罗门（William Salomon）。威廉·所罗门又叫比利（Billy），这个名字为更多人所知，他是公司某位创始人之子。1930 年，查理到公司做勤杂工，勤勤恳恳，逐步走上资深销售的岗位，最终成为公司的资深合伙人。他不为学历，但经常去听讲座、参加论坛活动，包括纳德勒教授在纽约大学工商管理研究生院开设的"当代经济金融问题（Contemporary Economic and Financial Issues）"研讨课。查理博览群书，乐于与同事朋友们分享他的最新见解和启发他的书籍。查理对美国艺术有着浓厚持久的兴趣，他是惠特尼博物馆（Whitney Museum）的财务主管和理事。他对美国艺术的了解与热情也同样感染着我，最终我也培养了收藏美国艺术品的业余爱好，令人惬意欢喜。虽然查理是一个情绪波动较大的人，但是面对公司客户时，他总是表现沉稳、大胆无畏。他要求每一次与客户的交易都按照最高标准执行。如若不然，他势必会训斥交易人员，哪怕这个交易人员是公司合伙人。

比利·所罗门于 1933 年加入公司。年仅 19 岁的他刚从预备学校毕业。他的父亲珀西是公司创始人之一。他的家人希望他接下来去读大学，但是比利自己想结婚。珀西·所罗门认为已婚男士需要养家，即便那意味着要放弃上大学，所以比利在公司后勤部门找了份工作。然后，他去了前台做交易员，后来做销售，1944 年，成了合伙人。20

世纪 50 年代末期，所罗门陷入财务困境（主要是因为领导不力）。1963 年，比利挺身而出，出任新领导，被选为执行事务合伙人。

比利成了推动所罗门兄弟发展的强大力量，把所罗门兄弟从评估分析货币市场和债券公司发展成了业务范围更广的投资银行业务和交易公司，获得了国内外普遍认可。他鼓励公司积极大胆地参与企业债券承销竞争，充当做市商角色，开设境外公司。他慧眼识才、知人善任，将在公司内外识别的英才精心安排到交易、投资银行业务、销售等关键岗位上。他深知保持利润增长和公司稳定的主要前提之一就是要增加公司资本。所以，在比利的领导下，所罗门严格限制合伙人薪资数额及撤资事宜。哪位合伙人赶去找比利，要求撤销上述限制，那就好自为之吧。比利支持激烈的业务竞争，只要不影响公司信誉。如果公司信誉真的受到影响，再次强调，不论犯事的人是不是公司合伙人，那就准备好应对比利的怒火吧。

所罗门兄弟让悉尼·霍默成立一个固定收益研究部门。当时，其他公司都尚未开设这样的部门。当我加入所罗门兄弟时，这个研究部门总共 5 个人：悉尼、一位研究分析师、一位统计员和两位秘书。

我到所罗门做的前几项工作中有一项是担任"美联储观察员"，那时，设置了相同的职位的华尔街公司，可能不过几家，屈指可数。与当今形成鲜明对比的是，当时的宝贵数据寥寥无几。当时，美联储不公示 FOMC 会议审议结果，美联储主席不召开记者招待会，联邦储备银行行长几乎不发表公共演讲。美联储也不会"大张旗鼓"地宣布要调整贴现率和储备金要求。

同时，我也负责分析预测信贷市场中的资金流动。事实证明，这项工作对于理解市场运作及预测利率长期趋势大有裨益。

所罗门很快就在多个研究领域遥遥领先：国内外固定收益类产品；房地产和抵押贷款；以及（再次之的）股票。一直以来，保持客观性都是不小的挑战，而我将其视为己任，以防止研究人员受到承销与交易业务的影响而有压力。所罗门的做市商和交易员与华尔街其他公司一样，都是从公共渠道了解到公司的主要研究成果，包括我的预测。我在公司的最高合伙人层面（执行委员会）任职，随后在公司上市后，我担任了董事会成员和副主席，因此，我可以有效防止研究部门受到过多的影响。

在我的记忆中，有一件事留给我的印象最深刻。1984 年 6 月 20 日，有报道称，约翰·里德（John Reed）已被提名接任沃尔特·瑞斯顿出任花旗公司（Citicorp）的总裁和首席执行官。《纽约时报》邀请我们的银行股票分析师汤姆·汉利（Tom Hanley）对此进行评论。多年来，汤姆都被《机构投资者》（*The Institutional Investor*）杂志评为顶级银行分析师。报纸封面引用了他的原话："难以置信，我都颤抖了。我表示极度震惊！"他的评论迅速传遍金融界。

巧合的是，所罗门执行委员会那天正好要召开会议。我料到一些合伙人会指责我，因为我们当时正试着扩大花旗公司的承销和贸易业务。的确有人问我打算如何"处置"汉利。我直截了当地说，我不会让他离开，但会就他的言行跟他好好谈谈。此外，我还给全公司的分析师发了备忘录。面对媒体时我说，"我们应该继续发挥作用。但是，分析师的评论应该仅限于对某些想法的详细描述，即在其职责范围之内的书面材料里有所反映的那些想法，而不应该冒险发表个性化观点。"

1988 年，我离开了所罗门，其中一个主要原因，除了我认为公司承担了太多风险这一事实之外，的确是因为公司的重组削弱了我充分维护研究部门独立性的能力（公司没有邀请我加入新设立的主席办公室，在权力和重要性方面，这个新设立的内部机构取代了执行委员会）。

那时，公司雇用了近 450 名研究员，包括固定收益和股票分析师，其中，约有 50 人有博士学位。非常幸运，我招到了很多精明能干的分析师和经济学家，而且其中大部分人在其职业生涯有所建树。所罗门债券研究部门是全球公认的最强的债券研究部门[①]。20 世纪 80 年代是所罗门取得重大成就的十年，成绩斐然。事实证明，所罗门在金融市场中发挥了相当重要的作用，促进了市场发展。在这个过程中，所罗门也成了世界上盈利最多的投资银行之一。

---

① 根据马丁·迈耶（Martin Mayer）关于所罗门困境的论述，到了 20 世纪 70 年代，在我离开公司后，"所罗门的货币和固定收益（债券）研究业务全球领先，在私营领域更是如此"（迈耶，1993）。

2 预测的艺术与科学

如今，预测之风盛行。一小群经济学家和分析师从头到尾认真推敲每条新信息，试图快速预测其中的暗含之意。

为何当下会盛行这样一股预测之风呢？毕竟，沃尔特·弗里德曼（Walter Friedman）在其冷嘲式获奖作品《算命先生》（*The Fortune Tellers*）（弗里德曼，2014）经济预测史中已按照时间顺序指出，20 世纪早期，一些大名鼎鼎的经济学家未能预测大萧条的到来，一些经济学家则预测失误。然而，经济学家们渴望以一定的知识为依据做出金融经济预测，这种渴望持续存在。在某种程度上，这对于投资方和户主而言风险都十分巨大。

几十年来，金融市场的发展速度甚至超过了名义 GDP，交易性债券也迅速增长，而长期留在金融发起机构手中的抵押债券尤为如此。交易方面的创新和新型金融衍生品的应用促进了交易性工具的快速发展。与此同时，电脑也大大加强了我们收集、存储、评估经济金融数据的能力。

然而，随着金融市场的加速发展，专业预测人员也不能时时克服行为偏差，"羊群效应"是其中最棘手的问题之一。大部分预测结果的范围都很小，并不会偏离金融界的共识。在很大程度上，这反映了人性倾向：将失败风险降到最低、避免孤立。毕竟，随波逐流能给人带来安慰。实际上，随波逐流这种做法消除了因为选择错误而被单独"审判"的可能性，也能使人免遭嫉妒憎恨（嫉妒憎恨往往会困扰那些对的比错的多的人）。实际上，几乎没人能预测经济金融行为方面的巨大变化。如果大部分市场参与者都能做到这一点，并采取一致行动，那他们从一开始就能阻止变化的发生。

预测也遵循路径依赖理论，即受到历史模式的影响。不论是预测某一经济体的整体表现，还是预测某一公司的个体表现，预测通常都基于以下假设：以往的周期模型继续适用。统计平均，计算能力的提升和计量经济学的发展使其越来越简单，往往印证了这种历史偏差。理所当然地认为历史会重演，这种普遍情况可以理解，但是伴随着一些巨大风险。各个经济体和金融市场的确呈现一些广泛的、重复性的模型。但是，止如马克·吐温所提醒的，尽管历史有些时候惊人地相似，但是历史不会重演。事实上，要做出好的预测，其核心往往是要具备辨别当下与历史的不同之处的能力。

第二次世界大战后，预测时过分依赖历史趋势的弊端愈发明显。举个例子，从 20 世纪 70 年代初期到 1981 年，美国利率飙升到了一个前所未有的高度，让大部分观察员感到惊奇困惑。为什么这么多观察员对此表示猝不及防？这是因为他们没有考虑到金融市场发生的深刻的结构性转变，金融市场已经进入了信贷市场新时期。之前，利率上调较为缓慢，把很多潜在的债务人挤出了市场。但是，应对 1966 年和 1970 年的信贷紧缩时，一系列结构性转变，如企业转向大额信用贷款、银行采用浮动利率融资、政府取消利率上限，进一步开放了信贷市场，使越来越多的人可以参与其中。预测人员参考了以往模式，但未充分考虑近期结构性转变，因此也没能预测到 20 世纪 70 年代利率大幅异常飙升。

另一种行为偏差形式很常见，而且难以避免。简而言之，就是抗拒坏消息或负面预测。在经济舞台上，下至很少谈及近期痛点难点的金融机构和企业，上至总统的经济顾问委员会、美联储和美国财政部，

（如果预测过）都很少会去预测即将发生的经济衰退，这种偏差随处可见。综观经济预测版图，正面消息和中立消息挤掉了负面消息。

人类偏爱正面消息，原因有很多方面。生性乐观是人类得以生存的主要生物机制特征。看看我们的人生经历，我们都知道生活往往不易，生性乐观有助于我们应对残酷的现实。根据行为经济学家的记载，人类向来都低估风险和失败的概率。虽然说只有极小部分美国初创公司能撑过几年，而且成立公司的人的平均收入比他们为知名公司工作挣得少，但是，每年每 10 万个美国人中还是有 300 个人会创业，有的人创业是因为机遇，有的是出于需要，他们全都怀有乐观的心态（尚恩，2008；费尔利等，2015）。

政治上，负面消息同样不受欢迎。1980 年总统竞选时，罗纳德·里根（Ronald Reagan）关于重振美国的乐观信息就比吉米·卡特（Jimmy Carter）关于全国问题的信息更具感召力。在商业界，企业领导，即便他们知道即将出现季度业绩不佳或者盈利不多的情况，也会对此避而不谈。预测负面消息的财务经理可能会患上杀死信使综合征。

在我的整个职业生涯中，在预测利率和其他关键指标时，我经常会同做出负面预测的人一样，面临做出负面预测带来的负面影响。在动荡的 20 世纪 70 年代，我一再警告会出现恶性高通胀率，利率会随之飙升。我也做出了不受欢迎的预测，预测债务爆炸和金融机构监管不力而造成的破坏性后果。这些预测和警告也使我得到了"死亡博士"的称号。即便如此，我也从未动摇过我的信念：在金融预测中，准确比虚假的希望更重要。负面预测可能是准确的预测，这是无法避免的现实。

负面的金融预测不仅对预测人员而言是巨大的挑战，商业界也难以据此采取相应的行动。谁真那么有能耐，获悉经济即将衰退，还能占到这种负面预测的便宜？

大企业及其领导层还受到另一种强大偏差的限制：增长偏差。几乎没有高层领导执掌推翻扩张战略的权力。股东、员工、供应商及其他利益相关人员都希望看到公司不断扩张。自上而下，商业机构的运行目的都是扩大市场份额，不断向上发展。

华尔街金融公司的研究机构也受到其他偏差的束缚。在预测行业、收益、经济前景和利率走势时，这些偏差尤为明显。当时，还有一个专门的贬义词叫"卖方研究"，时至今日，仍然存在。幸运的是，我一直都可以就我所见来评论市场动态，而从不需要顾忌所罗门当下的交易和承销决定。1967年，我成了公司合伙人，我的独立性进一步得到了保护；后来，我又加入了所罗门执行委员会，始终能确保客观性在研究中位于首位。在我晋升到执行委员会时，原先聘用我的那两个人又助了我一臂之力：查理·西蒙提出任命，比利·所罗门批准任命。他们明白客观研究有利于公司的长期利益，能提升公司信誉。据我所知，华尔街还没有第二家把研究部门的负责人提拔到最高管理层的公司。

至于长期预测，真的没有能够得出准确预测的科学方法。尽管我们十分渴望进行长期预测，预测专家也如是说，但是这个目标不在他们的能力技术范围之内。话已至此，我在此说说我做了很长时间预测总结出的经验教训。

第一，历史经验表明，仅仅通过延伸过去来预测未来的做法是很危险的。我之前从更为狭义的角度提及过这一点，即依赖历史数据来预测未来。我在此罗列几大影响各个经济体和国家的重大地缘政治事件。回顾一下20世纪，便能表明我的观点：20世纪前10年的代名词是第一次世界大战；20世纪20年代的代名词是投机；20世纪30年代的代名词是全球经济萧条；20世纪40年代的代名词是全球战争；20世纪50年代的代名词是经济复苏；20世纪60年代的代名词是长期经济扩张，并因此埋下了通货膨胀的种子；20 世纪 70 年代的代名词是石油短缺与停滞性通货膨胀；20 世纪 80 年代的代名词是反通货膨胀和放松管制；20 世纪 90 年代的代名词是全球证券化和金融投机，这导致了 21 世纪初的金融危机。

第二，领导地位。不论是在商业界、金融界、产业界，还是在文化界，都有一个生命周期，长短各异。我们只需看看罗马帝国、古希腊、西班牙这些昔日帝国。在商业界，在美国铁路占领金融市场首席地位时，IBM 还不为人知。又有谁真去预测过微软、苹果或谷歌的影响力？

第三，小心经济模式，它们会使向上或向下的商业势头难以持续。有些时候，经济模式就是详细建模（正如我之前提到的），过分依赖历史数据。这使宽泛的分析被弱化，使技术比宽泛的分析受到更多重视。

试想一下，在 1945 年这个鼎盛时期来预测此后世界上的大部分重大转变有多难。身处全面战争的废墟中，西欧的惊人崛起看似真实吗？日本的崛起呢？随着时间的推移，金砖四国的出现看似可能吗？跨国企业已经存在近一个世纪，但是谁预测过跨国企业会在第二次世界大战之后迅速扩张？全球金融网络也不例外，疾速蔓延？

预测之所以难，还有一些更深层次的不确定因素，即金融市场周期性的结构性转变（我会在后面的章节中详细解释），市场活动和政府应对改变了金融市场的结构，在许多方面造成意想不到的结果。我认为，从一个更广泛的视角而非周期视角来审视第二次世界大战之后的时期，这一点非常明显。第一个时间段是从 20 世纪 50 年代初期到 1962 年，这几年经济增长不再受战争的影响，但是仍然受到 20 世纪 30 年代的金融管制的影响。第二个时间段是从 1962 年到 2008 年，金融自由化终于实现，这也造成了意想不到的结果。新时期开始于 2008

年，多家企业破产，政府出台新的金融政策。现在人们希望能重返金融和货币常态的某些阶段，不论那是什么样的阶段。然而，我们不能再恢复原来的样子了，历史不会重演。2008 年结束的第二个时间段带来的意想不到的结果仍在逐渐显露，金融版图仍在大幅度调整中。

3 美国总统与美联储主席

就像美国的政治制度三权分立一样，我们的联邦经济机构中有受其直接控制执行的机构，也有理应独立运作的机构。后者之中最为突出的就是联邦储备系统。美联储的官方职责是通过制定实施货币政策来维持经济平稳发展。每位总统都应该支持这样一个维持经济发展的目标，然而，自1913年成立以来，美联储时常发现自身与一届又一届总统政府之间存在分歧，意见不合。

很多分歧与冲突的根源在于长期经济目标与短期经济目标有所冲突。美联储应该更注重后者，但选举政治的现实使总统们对于短期目标更为敏感。不过，即使能顶住政治压力，美联储还是时常会因为目光短浅、缺乏远见而未能实现其长期目标。

20世纪60年代和70年代，美联储在抑制通货膨胀方面的工作常常不尽如人意。在很大程度上，这项工作做得不到位是因为中央银行行长们没能理解放松金融管制会对货币政策的运作效果造成什么样的影响。比如说，20世纪60年代初期，美联储开始取消银行存款上限时，几乎没人预见放松Q条例的后果，这一举措允许银行成为公开信贷市场中的基金买家。20世纪80年代和90年代，金融市场进一步放松管制，美联储政策的这一弊端更为明显。美联储不得不将利率上调到比以往（在相同条件下）更高的水平，以此来抑制通货膨胀。放松管制后，私营领域发明创造了大量信用工具（如各种各样的表外衍生产品），美联储发现自身在控制快速的信用创造方面越来越没有地位。

第二次世界大战期间及之后一段时间，美联储将美国国债利率和长期国债利率分别保持在 0.375% 和 2.5%，借此来支持联邦政府融资。但是，1951 年，时任美国进出口银行（Import - Export Bank）行长威廉·麦克切斯尼·马丁（William McChesney Martin）被召集到华盛顿参加调解谈判，谈判关于后来的《1951 协议》（1951 *Accord*）［又称《美联储—财政部协议》（*Fed - Treasury Accord*）］事宜。该协议出台 6 天后，美联储主席托马斯·麦克凯（Thomas B. McCabe）辞职。杜鲁门总统任命民主党籍马丁（Martin）为美联储新主席，希望美联储能与政府齐心协力。然而，新任主席另有所想：根据协议行使新权力，通过联邦公开市场委员会集中决策权力。

1951 年末，杜鲁门总统与比尔·马丁（Bill Martin，即威廉·麦克切斯尼·马丁）在华尔道夫酒店（Waldorf - Astoria）不期而遇，这位美联储主席说："下午好，总统先生。"总统直视马丁，只吐出了一个词："叛徒。"马丁也遭到了林登·约翰逊（Lyndon Johnson）总统的指责。1965 年 12 月 2 日，马丁领导的美联储五年来第一次上调了利率。约翰逊明确反对这一举措，担心利率飙升会影响经济繁荣，危及"伟大社会"施政纲领和越南战争。他将马丁召唤到他在得克萨斯州约翰逊城的农场，称其为"乡村木屋之旅"。约翰逊严厉责备马丁采取总统反对的行动，称"会影响我的整个任期"。然而，马丁坚持自己的想法，捍卫了中央银行独立运行的名誉（布雷姆纳，2004）。

实际上，比尔·马丁与约翰逊总统之间最搞笑的一次对峙是在他从美联储退休后告诉我的。他被紧急召唤到白宫去见总统。这位美联储主席急忙赶去，一路心惊胆战，不知道会发生什么。总统在总统办公室见他。他告诉马丁要相信他接下来说的话。说着，他站了起来，脱下裤子，说的大概是："比尔，我这里（指着他的下体）现在要做一场手术，在我暂时失去行动能力的时候，你是不会上调利率的，对吧？"

在比尔·马丁当上美联储主席之前，他曾担任过纽约证券交易所（New York Stock Exchange）总裁、美国进出口银行行长、美国财政部助理财政部部长（主管货币事务）。20 世纪 60 年代，他对不断变化的金融与经济格局感到惴惴不安。1965 年，在哥伦比亚大学的毕业演讲中，他警告称 20 世纪 20 年代末期、（1929 年）股市大崩盘前、20 世纪 60 年代经济迅猛发展及 70 年代的"相似之处令人忧虑不安"。"只有我们愿意去防止规律的扩张变成无规律的激增，才能实现我们的共同目标——实现就业、生产、购买力最大化"（"马丁对比……"，纽约时报，1965 年 6 月 2 日）。马丁也提醒听众，20 世纪 20 年代，很多专家声称"新的经济时代已经开启"。他指的是经济不间断地扩张这种观点。马丁这点说的是对的：经济周期是资本主义特有的。但是，身居美联储主席一职的他没有充分认识到，市场结构性转变和新型金融创业精神正在超越他担任美联储主席之初的管制的力量。即便如此，在现代联邦储备系统的关键性形成阶段，比尔·马丁也是一位令人敬畏的主席，他竭力维护美联储"真正的"独立性。

他的继任者阿瑟·伯恩斯（Arthur Burns）也完全有资格出任美联储主席（1970—1978）。他是经济周期方面的专家，曾担任白宫经济顾问委员会（Council of Economic Advisers）副主席，也是哥伦比亚大学的著名教授。伯恩斯端庄严肃、博学多才，他抽着烟斗烟和听人讲话（他似乎听得极为专注）的时候更是显得如此。虽然他的音调很高，但是他讲话缓慢、抑扬顿挫、把握有度，透露出他的智慧与周全。我跟他一起参加过多次会议，经常被他的这些品质所吸引，我觉得其他人也是如此。

伯恩斯由尼克松总统任命。尼克松认为自己 1960 年问鼎白宫失败是因为美联储政策太过严格，他认为伯恩斯比马丁更为顺从。总的来说，他是对的。他们俩关系紧张时，让步屈服的往往是伯恩斯。伯恩斯允许尼克松的人员审查他的演讲稿，并公开承诺在经济政策方面，他一直会是总统"真正的朋友"。当尼克松关闭美元与黄金兑换窗口的时候，当当局政府管控工资和物价的时候，他也只是不温不火地表示反对。在伯恩斯的领导下，通货膨胀从6%翻了一番，上升到12%，这主要是因为他屈服于尼克松扩张性货币政策的压力。通货膨胀率飙升到两位数，他的名誉受损，实际上，伯恩斯曾下令让美联储的员工想办法不要影响与粮食和能源相关的居民消费价格指数。

在贝尔格莱德（1979年国际货币基金组织在此召开会议）佩尔·雅各布森讲座（Per Jacobsson L）上，伯恩斯用了很大篇幅为自己辩护，回顾过去，说明在他担任美联储主席期间美国中央银行的通胀记录。据悉，此次演讲的题目是《中央银行业务的苦恼》（*The Anguish of Central Banking*）。伯恩斯声称，国会不惜一切创造就业机会，使美联储几乎没有回旋的余地。"困扰工业民主国家的持续性的通货膨胀难以战胜，或在很大程度上得到抑制，除非新的思想浪潮创造一个新的政治环境，进行所需的艰难调整来结束通货膨胀（伯恩斯，1979）。"正如伯恩斯在20世纪70年代的所作所为一样，他的言辞也说明他缺乏远见、领导乏力。此外，他也从未充分理解金融市场与商业界的关联。

虽然说行政部门施加的压力变小了，也没那么直接了，但是美联储主席与美国总统之间的紧张关系延续至今。如今的"乡村木屋之旅"难以想象。或许，现在的总统偏好由特工人员来传达；当然，他们不是公众人物。总统给美联储主席施加的压力不再那么明显的另一个原因是：自20世纪70年代末期以来，货币政策本身的重要性不断显现，美联储因此强大了许多。

继阿瑟·伯恩斯之后，威廉·米勒（G. William Miller）于1978

年 3 月出任美联储主席，任期短暂（17 个月）。米勒在任时的大部分时间都花在了隶属德事隆集团的一家公司上，他也绝非通胀鹰派人士。面对高通胀率，米勒拒绝上调利率，致使美元大幅贬值，卡特政府不得不出台"拯救美元计划（Dollar Rescue Package）"，1979 年，其他美联储理事（Fed Governors）投票支持上调贴现率，米勒被撤职。奇怪的是，米勒担任美联储主席时领导不佳，但卡特总统此后任命他为美国财政部长。我会在下一章说说米勒的继任者保罗·沃尔克，在第 5 章说说沃尔克的继任者艾伦·格林斯潘（Alan Greenspan）、本·伯南克（Ben Bernanke）和珍妮特·耶伦（Janet Yellen）。

很多战后美联储主席都服务过不同的党派，这是一个良好的迹象。跟最高法院大法官不同的是，美联储主席并非终身制。我们经济金融系统需要有远见卓识的守卫者，为了坚定的长期目标而努力。但是，过去几十年所发生的各大事件表明，美联储正被严重政治化。这一问题，我会在后面的章节中讨论。

4 保罗·沃尔克：永远的人民公仆

1957 年，在我以经济学家的身份加入纽约联邦储备银行（Federal Reserve Bank of New York，纽约联储）不久后，我遇见了一个身材高大的男人。当时，我走在研究部 9 楼的走廊上，迎面走来一个抽雪茄的人，这个人身高约 6.5 英尺（198 厘米），一边走着路，一边全神贯注地在黄色便签上记着笔记。我与他打招呼，说："我叫亨利·考夫曼。""哦，"他答道，"我叫保罗·沃尔克。金融贸易组（研究部下属）新来的那个人就是你啊"。说着带有"祝你好运"意味的"再见"，保罗向前走去。

在我加入纽约联储时，保罗已经在纽约联储工作了 5 年了，他的学习能力很强，而且不断精进。当时，他已经协助研究部部长罗伯特·罗萨起草了《美联储在货币和政府证券市场中的操作》（*Federal Reserve Operations in the Money and Government Securities Markets*），这本书采用了醒目的红色封面，为美联储的操作提供了宝贵的指导。1962 年，加入所罗门兄弟时，我同很多在华尔街工作的人一样，已将此书的大部分内容牢记于心。保罗和我都在进行证券交易的公开市场部工作过，不过，我只在那儿工作了 3 个星期，而他待在那里的时间要长得多。因此，当我到美联储研究部的时候（此前我在一家实业银行和纽约一家商业银行工作了 8 年左右），保罗已经是研究部的高级经济师了。我觉得鲍勃·罗萨聘用我到纽约联储工作是因为我的银行从业经验，因为我的学术导师马库斯·纳德勒的极力推荐，以及还有一年我就能获得纽约大学的博士学位。

在纽约联储工作的前几个月，我很少看到保罗。1957 年年末，他去了大通曼哈顿银行（Chase Manhattan Bank）做经济学家。不过，我与他重新取得了联系，因为"四人小组（F4）"，有几年，我经常见到他。成立"F4"是阿尔·乌泽卢尔（Al Wojnilower）的主意，他离开了纽约联储，去了纽约第一国民城市银行（First National City Bank），后来又去了当时颇具声望的投资银行第一波士顿公司做经济学家。阿尔提议他、沃尔克、我和莱昂纳德·山托（Leonard Santow）定期相约午餐，讨论经济和金融。当时，莱昂纳德·山托在一家举足轻重的美国政府债券交易公司奥布里·G. 兰斯顿公司（Aubrey G. Lanston）任职。正如保罗在一次采访中所回忆的："20 世纪 60 年代，乌泽卢尔、考夫曼、达拉斯联储的莱昂纳德·山托和我开始定期交流观点，自称'四人小组（F4）'。"1973 年，保罗到美国财政部工作，离开了午餐会小组。其他人陆续加入午餐会小组，包括摩根担保信托公司（Morgan Guaranty）CEO 丹尼斯·韦瑟斯通（Dennis Weatherstone）和信孚银行（Bankers Trust）CEO 查尔斯·桑福德（Charles Sanford）。

保罗和我保持联系，我们时常通电话，偶尔一起吃午餐或带着夫人一起用晚餐，我到他的纽约和华盛顿办公室见他。1987 年，保罗回归平民身份，他为大家组织了叫作"1927 届"的年度诞辰聚会，保罗和我都是那年出生的。出席欢庆聚会的还有山姆·克洛斯（Sam Cross，前纽约联储执行副总裁）、理查德·加德纳（Richard Gardner，前驻意大利和西班牙大使）、绪方四十郎（Shijuro Ogata，前日本央行副行长）和他的夫人绪方贞子（Sadako，前联合国难民事务高级专员）和玛格丽塔·洛克菲勒（Happy Rockefeller，前纽约州州长纳尔逊·洛克菲勒的夫人）。每位来宾都先后在自己家中举办了聚餐活动，一次又一次的聚餐活动充满了我们对往事的怀念和友爱之情。

从此处我与保罗的关系介绍可以看出，我显然不是最能客观评价保罗的人。不过，还是让我来说说我对他的生活和职业生涯的部分观察吧，我相信这部分我还是可以平心静气地叙述的。

保罗并非出生在富贵人家。他在新泽西州提内克北部的一个中产小镇长大。他学习土木工程专业的父亲在此当了 20 年的镇长。老保罗·A. 沃尔克帮助提内克度过了大萧条时期，众所周知，他办事公正慎重。老保罗投身公共服务，将其视为崇高使命，这无疑影响了他的儿子。

1979—1987 年，保罗担任美联储的主席。此后，除了在纽约投资银行沃尔芬森公司（Wolfensohn 和 Co.）总裁外，他也依然积极活跃在公共事务领域。他担任过很多公职，也担任过一个调查大屠杀受害者瑞士银行户头事件的委员会主席；为联合国工作，调查伊拉克石油换食品计划（Iraqi Oil for Food Program）；担任总部位于华盛顿的三十国集团（Group of Thirty）主席，担任美国总统奥巴马经济复苏顾问委员会主席（Economic Recovery Advisory Board）。目前，他是沃尔克联盟（Volcker Alliance）的主席，该联盟是一个无党派组织，代表商界、学术和政府利益，根据使命声明，该联盟致力于"有效实施公共政策，并帮助重建政府公信"。保罗似乎更看重参与，哪怕这些工作往往令人沮丧。我估计他在私营领域做事从未这般舒心酣畅过。

保罗精于写作，他在编辑校订时的严苛简直就是鸡蛋里挑骨头。有时候，他也会因为截止日期逼近而放弃演讲或写作。不论是写书、写演讲稿、写立场文件，还是写内部备忘录，他的写作风格都能符合体裁要求。他也擅长在讲话中增添一分幽默。即便现在已经九十高龄了，他还能清楚地记得几十年前的一些事情，可谓记忆非凡。

保罗的另一个特点就是深藏不露。他很少主动开始谈话，但是喜欢观察谈话进展，摸清底细后再作回应。当他真的点评时，他的点评细致入微，言必有中；他很少探究他人的私人事件，除非是他非常信任的人。人尽皆知，保罗做事从容谨慎、锲而不舍。在陪他飞钓的时间，我见识到了他的品质。飞钓是一项需要耐心、精准，甚至是艺术技巧的运动。

当卡特总统让保罗·沃尔克出任美联储主席时，美国经济一片混乱（我会在后面细说）。从个人角度而言，保罗在决定时，也面临着巨大的挑战。职位变动意味着薪资待遇大跌，担任纽约联储主席的收入是110000美元，而担任美联储主席的收入只有57000美元。他的夫人芭芭拉患有严重的关节炎和糖尿病，他的儿子吉米是脑瘫患者。在接受美联储主席的职位后，工作日保罗住在华盛顿，过着勤俭朴素的生活，他的家人仍住在纽约。对此，他从未抱怨，因此，很少有人真的知道他处境不易。

除了对公共服务的热爱与承诺之外，保罗也意识到担任美联储主席的机会并不多见。因为吉米·卡特总统履职不顺，下一任总统很可能由共和党籍成员继任。因此，沃尔克和其他民主党人士可能要等上4年或8年甚至更久才有下一个担任中央银行行长的机会。

然而，新美联储主席所面临的挑战可谓前所未有、艰巨复杂。正如我在上一章"美国总统与美联储主席"中所说的：第二次世界大战后的这段时期，央行行长的成就功过最多也只能说是毁誉参半。阿瑟·伯恩斯没有好好守护美联储的独立性，卡特总统想把威廉·米勒替换掉，最终米勒的任期仅14个月。20世纪60年代中期，经济市场趋于饱和，政府连续多年反对加税，而在这样的情况下，约翰逊政府继续加速"伟大社会"的建设，扩大越南战争规模，美国经济开始饱受高通胀率的困扰。20世纪70年代中期，尼克松总统关闭了黄金窗口，石油禁运重创了世界经济，宏观经济状况大大恶化。美国通货膨胀率上升到两位数，经济增长极其缓慢。这两种情况碰到一起，真是糟糕透顶，称作"停滞性通货膨胀"。在几经走投无路的情况下，保守的共和党籍总统对工资和物价进行了管控，这种管控不过是一时的权宜之计罢了。他的继任者吉米·卡特总统也采取了与他的性格不符的行动，发起了一波放松管制的浪潮（这在很大程度上与里根总统有关），以期推动经济发展。

作为美国最高货币政策主管机关，美联储的官方职责并不包括维持经济发展（虽然说看样子最近几届的美联储主席都将此视为己任）。通货膨胀又是另外一个问题。在过去 15 年里，通货膨胀似乎对美联储的措施有免疫力，现在正猛涨到一个前所未有的水平。一如既往地，通货膨胀使人们失去储蓄信心、损害拥有固定收入的人的利益、削弱人们对未来的信心。大多数人认为，通货膨胀是美国面临的头号经济政策难题。

在卡特总统宣布提名保罗之前，保罗曾与总统面谈，他告诉总统要上调利率。然而，如果总统知道保罗会采取什么措施，我认为总统未必会提名他。设想一下，如果要求保罗提供前瞻性指引，包括美联储当今提供的这种 3 年经济金融预测，总统会有多吃惊。就政治角度而言，总统和他的亲信顾问可能不会接受保罗的补救措施。1979 年秋，这位新任主席面临的经济金融环境不容乐观。当然，保罗也意识到了这些令人烦恼的发展态势。作为纽约联储主席的他当时还兼任联邦公开市场委员会副主席。

短短两个月，他就说服了 FOMC 重新确定政策方向，不久，美联储就宣布将执行货币主义政策。这样，美联储会为市场提供稳定的货币供应（但是货币供应量不大），而不考虑其汇率的影响。然而，美联储并未保证会一直将这项政策当作货币政策的新指导政策来执行。迫在眉睫的任务是要竭力抑制美国的通货膨胀。保罗·沃尔克一时间成了货币主义者。

美联储宣布新立场后不久，金融市场就出现了极大的反应。有些人将中央银行的举措戏称为"星期六晚间的大屠杀（Saturday Night Massacre）"。美联储的举措给货币市场施加了巨大的压力，美国国内利率猛增 60～150 个基点，欧洲美元存单市场利率上涨了 160 个基点。在所罗门兄弟，我们很快就感受到了美联储决策的冲击。我们公司承销了 IBM 价值 1 亿美元的债券（IBM 首次发行债券），在市场中遥遥领先。这对所罗门而言，实在不易。我们取代了摩根士丹利才成为了 IBM 的债券承销公司。周五，就在保罗宣布新举措的前一天，我们给 IBM 债券设定了一个高价。到了第二个周末，债券的价格就下跌了 5%。虽然我们出售了部分股份，借此消除部分风险，但是我们还是遭受了巨大损失。不过，我们并不后悔我们设定了高价，因为这一高价的设定巩固了我们与 IBM 的关系，同时也让我们公司跻身企业投资银行前列。

在美联储宣布要实施货币主义政策后，我在每周五出版的《信用评述》（*Comments on Credit*）研究报告中发表了我对美联储这一具有里程碑意义的决定的看法（见表 4.1）。

我指出，多年来，美联储第一次为了实现货币储备增长目标而放弃了联邦基金利率目标，这会使投资者失去信贷市场套利信心。我还指出，因不能理解金融市场中的结构性转变，美联储长时间以来做事松弛散漫，这从根本上消除了机构放贷的货币风险。眼下，利率和通货膨胀率之间的差距正在快速缩小。

在美联储内部，保罗也选择做他认为对的事，而不会像艾伦·格林斯潘担任美联储主席期间为了赢得名望而行事一样。要推动抑制通货膨胀率的政策，保罗得消除美联储委员会内部截然不同的分歧。起初，在上调贴现率的投票中，赞同票对反对票是 4 票对 3 票。面对这种票数不相上下的情况，市场充满忧虑，有些人质疑美联储新任主席的领导能力。保罗说服 FOMC 通过这一货币主义政策时，也极为不易。1986 年，他的两项下调贴现率决定刚开始时也以 4 票对 3 票被由里根总统任命的美联储委员会委员否决。当天，在保罗以辞职相威胁后，委员会才改变了决定，通过了他的决定。

表 4.1   1979 年 10 月 12 日《信用评述》

所罗门兄弟

纽约证券交易所成员

纽约州纽约市纽约广场一号

邮编：10004

信用评述

1979 年 10 月 12 日

一个具有里程碑意义的货币决定。上周，美联储宣布了一系列的信贷限制决定，这些决定迅速传遍信贷市场的各个领域。贴现率上调 1% 是一个传统的举措。实施最低储备备金要求则非比寻常。但是，为了储备增长目标而放弃联邦基金利率目标是一个具有非凡的决定性意义的货币决定。

总的货币支流还是会流经经济和金融市场。起初，这一决定的宣布给金融市场的各个领域都施加了巨大的价格压力。几天后，固定收入领域的价格交易达到空前水平。刚刚经过 1974—1975 年周期性高点的利率现在到达了新的长期高点（免税市场除外）。此外，金融市场主要领域的收益率差价关系开始显著扩大，尤其是质量差价（详见下文）。

美联储的决定性举措出台之前，通货膨胀正在加剧，信贷快速扩张、货币过度创造。在很大程度上，这反映了中央银行不能或不愿用现有的货币措施解决通货膨胀问题。长期以来，美联储未能识别或忽视了美国金融机构中不断变化的结构。而美联储的忽视给了放贷机构越来越多的消除放贷的货币风险的机会。日复一日，放贷机构得以成功地从金融资产回报率对负债成本中套利。因此，利率水平本身便不能再像曾经那样有力地调控经济活动。关键因素是对金融机构的负债成本和资产收益率之间的利差。

续表

美联储这一里程碑式的决定迅速缩小了通货膨胀率与利率之间的差距。给消除联邦基金利率目标的决定带来了很大的不确定性，会放缓信贷市场套利。放贷机构再也不能以此为基准来评估负债成本与资产回报率之间的差价了。

虽然这项新的货币政策的结果全部呈现尚待时日，但是一些发展形势几周内就会显现：

• 商业银行信贷增长速度放缓；即使短期内，对银行贷款的需求可能仍然强劲。但是，银行通过清算其证券股份至少能满足部分这种需求（详见下文）。这会给美国政府市场带来额外压力，对市政市场（商业银行在市政市场中扮演重要的投资与承销角色）更是如此。

• 商业银行的货币市场运作会成为极其重要的基准。可转让定期存单和银行票据利率（或许会取代目前波动极大的基金利率）会变得更加重要，因为这两者会反映市场对银行发行方的判断。目前，发行方必须应对更大的风险和近期巨大的、可能不稳定的贷款需求。

• 互助储蓄银行抵销其更高的储蓄负债成本的能力下降，这会进一步挤压其不断减少的净运作收入。储蓄贷款协会（一大部分协会需要履行诸多抵押贷款承诺）会发现发行有利可图的抵押支持债券和转手证券的难度加大。其中一个可能会出现的结果就是联邦住宅贷款银行（Federal Home Loan Bank）发放的贷款会增加，以应对融资需求；另一个可能出现的结果就是新抵押贷款承诺会减少。

• 新企业债券发行量短期内可能会减少，而新交易范围已确定，企业财务主管重新评估融资策略。短期内，短期融资的需求会快速增加，然后会出现大量债券。

• 二级市场中，在过去几年引导投资组合经理的交易矩阵不再适用。利率会进一步出现前所未有的走势。市场间与市场内的收益率关系不断扩大，而二级市场中买卖报价之间的差额则不可避免。

与此同时，学术界著名学者也极力批判保罗，尤其是货币主义的主要代表人物米尔顿·弗里德曼（Milton Friedman）。弗里德曼在华盛顿颇具影响力，他甚至还煽动性地提议彻底解散美联储（弗里德曼认为正确的方式是严格的货币扩张和准备金扩张，仅此而已）。在商业界和金融界，保罗的主要对手很可能是花旗银行行长沃尔特·瑞斯顿（Walter Wriston）（我会在下一章中讨论）。虽然开始时，瑞斯顿支持沃尔克出任美联储主席，但是他们在很多方面都存在分歧：从银行分支行制到银行拓展除传统银行业务外的业务，到准备金要求，到解决拉丁美洲债务问题的最好方法。"我与沃尔克的分歧在于我相信市场……"1982年，瑞斯顿跟一位记者说，"我赞成放松管制，但我觉得保罗并不赞成。"当被问及他对保罗的看法，瑞斯顿回答："你若告诉我你对编辑的看法，我就回答你的问题"（茨威格，1995）。

工会几乎没有公开称赞过保罗的领导才能。有一次到访保罗的华盛顿办公室，我亲眼见识了工会对保罗的轻蔑之举。我问保罗的秘书，为什么建筑用砖会堆在保罗的办公室。她回答道，砖瓦匠工会把砖堆在这里，留下了一张纸条，写着"我们再也用不到这些砖了"。弦外之音很明显：砖瓦匠们认为保罗应该为新住宅建设缩减负责。

我应该指出，为了抑制通货膨胀而出台强硬措施，保罗备受批判；与此同时，公众普遍认为采取强硬措施的时候已经到来，保罗因此受益了。其他美联储和总统的举措（如管控工资和物价）根本就没有效果。虽然历届美联储主席不仅对需要做的事情缺乏全面理解，而且也缺少采取行动的决心，然而，这绝不会影响保罗的领导水平。

我赞同保罗的诸多经济金融观点，也支持他的诸多举措，对他也是万般钦佩。不过，即使是朋友，有时也会有分歧。以下是我与保罗意见相左的几个实例。首先，他支持《多德—弗兰克法案》通过，而我并不支持（我会在后面的章节中说明我对《多德—弗兰克法案》深深的疑惑）。其次，我赞成成立专门委员会来审查美联储系统的结构变化并给出调整建议（我会在后面的章节中细说），然而，保罗不支持中央银行重组。我觉得他认为，"明枪易躲，暗箭难防"，美联储还有更紧迫的任务。

沃尔克的一个特点就是做事循规蹈矩。几年前，保罗回顾了参议院自 1949 年以来展开的关于货币、信贷和财政政策的调查。该调查最初由参议员保罗·道格拉斯（Paul Douglas）领导的联合经济委员会（Joint Economic Committee）展开；大约十年后，弗雷泽·王尔德（Frazer B. Wilde）领导的私营货币信用委员会（Commission on Money and Credit）接手该调查。注意到上述调查并未促使这些监管机构合并重组，沃尔克说，尽管如此，"一些极其重要的东西已经实现了"。调查人员"巩固了美联储独立性的理论依据"，保证了"充足的资源"，证实了"积极的反周期财政政策的作用不断增强"。沃尔克还很欣慰地指出，民粹主义者与自由主义者的"极端"思想被否决了（沃尔克，2013）。

保罗倾向于推动可以实现的目标，还有一个例子便是沃尔克法则（Volcker Rule），即禁止银行涉足高风险投机活动。据说，该法则促使银行回归到以往更为传统的业务，借此增强支付能力。金融体系要良好运作，其中一个必备的先决条件就是支付能力。虽然美联储竭力通过沃尔克法则，但是对最为关键的金融问题的关注尚且不足。这个问题就是少数金融机构控制了极大部分的金融资产。金融集聚严重动摇了美联储自由有效地行事的能力（这个话题，我也会在后面的章节中论述）。在我看来，保罗没有正面应对这一严重问题。

如今，很难完全理解 1979 年沃尔克出任美联储主席时所面临的任务的艰巨重大。表 4.2 为沃尔克在任期间的一些主要经济金融指标的概览。沃尔克在任期间，美联储紧缩信贷的初步举措显然是不够的。实际上，这些数据不能充分说明沃尔克所面临的任务的艰巨，这是因为，高峰期——1980 年第一季度的年均居民消费价格高达 15%，1981 年 3 个月国债利率高达 17.25%，20 世纪 80 年代初期政府长期债券收益率猛增 15%。

表 4.2　　　　沃尔克担任美联储主席期间的关键经济指标

经济指标 年份	实际 GDP （%）	失业率 （%）	居民消费 价格指数 变化（%）	3 个月 国债利 率（%）	政府长期 债券收益 率（%）	标准普尔 500 股票 价格指数
1979	3.2	5.8	13.3	10.0	9.3	108
1980	-0.2	7.1	12.5	11.5	11.3	136
1981	2.8	7.6	8.9	14.0	13.5	123
1982	-1.9	9.7	3.8	10.7	12.8	141
1983	4.8	9.6	3.8	8.6	11.2	165
1984	7.3	7.5	3.9	9.5	12.4	167
1985	4.2	7.2	3.8	7.5	10.8	211
1986	3.5	7.0	1.1	6.0	7.8	242
1987	3.5	6.2	4.4	5.8	8.6	247

资料来源：2015 年 2 月，华盛顿哥伦比亚特区《总统经济报告》。

注：反映 1980—1981 年平均最高收益率的数据如下：贷款基础利率为 21.5%，3 个月国债利率收益率为 17.25%，美国政府长期债券收益率为 15.25%。

　　然而，在任 8 年期间，沃尔克不屈不挠，坚持推行政策，最终政策奏效并取得显著成果。居民消费价格从 1979 年的 13.3% 下跌到了 1987 年的 4.4%。实际 GDP 增长在初期下跌过后，就稳定在 3% ~ 5%。实行紧缩信贷政策初期，利率大幅上升。但最终，3 个月国债利率从 1979 年的 10% 下跌到 1987 年的 5.8%。同期，标准普尔 500 股票价格指数从 108 点上涨到 247 点。

　　2008 年经济危机可能是自第二次世界大战以来美国历史上最为严重的经济危机，而保罗·沃尔克成功应对了这场经济危机。如果这种危险的高通货膨胀率高居不下，那么美国的综合国力和全球领导力都会被大大削弱。最近几十年，保罗才得到了他应得到的肯定与认可：当世天才、美国偶像。

5 美联储与金融市场：
格林斯潘、伯南克和耶伦

过去几十年里，三位美联储主席获得的关注可能超过美国历史上其他的中央银行行长①。艾伦·格林斯潘是任职时间第二长的美联储主席（1987—2006 年）。他在任期间，经济实现了扩张；但是，在他的最后一届任期及 2007 年金融危机之后，他就备受争议。他的继任者本杰明·伯南克须竭力应对金融危机，因而不可避免地成了中心人物。他们两人均由民主党籍总统任命，都是通货膨胀鹰派人士和奉行新自由主义的货币主义者，愿意在紧急情况下往系统中注入大量流动资金，他们并非名流之辈。虽然格林斯潘和伯南克成绩斐然，但是他们一直没能辨别金融市场的结构性转变及其对货币政策的影响。现在，美联储女主席珍妮·耶伦成了焦点。迄今为止，她也面临相同难题的困扰。

1987 年夏天，艾伦·格林斯潘接替保罗·沃尔克在美联储的职位时，就已经在华尔街和商业街树立了一定的公众形象，不过这一形象与他之后的名人形象截然不同。虽说格林斯潘精通企业经济学，但他不是货币政策方面的专家。与沃尔克不同的是，他此前大部分的工作内容是为企业提供咨询服务。在公共服务领域，他只担任过福特总统

---

① 备受关注、颇受争议的两位中央银行行长，虽然都未担任过美联储主席。一位是担任美国第二银行（Second Bank of the United States）第三任和最后一任行长（1823—1836）的尼古拉斯·比德尔（Nicholas Biddle），他的任期正值与安德鲁·杰克逊（Andrew Jackson）总统关于银行经营新特许状的"银行战"之时（从某些方面而言，第二银行算是中央银行）。另一位是小本杰明·斯特朗（Benjamin Strong, Jr.），他于 1914—1928 年担任纽约联邦储备银行第一任行长，当时，该行显然是系统中最重要的银行。

在任时（1974—1977 年）的经济顾问委员会主席和里根总统在任时的、获得两党支持的国家社会保障改革委员会（National Commission on Social Security Reform）主席。即便如此，格林斯潘也是一位忠诚的共和党人；20 世纪 80 年代中期，他在政治圈人脉甚广。当时，里根总统没有继续任命沃尔克为美联储主席。

格林斯潘的好日子很短暂。首先，他得收紧货币政策，随即股市在 1987 年 10 月发生崩盘（10 月 19 日最糟糕的这一天，道琼斯指数下跌近 23%）。格林斯潘领导的美联储往系统中注入大量流动资金，以防止金融市场和经济受到大的影响，提高了这位新任中央银行行长的声望。

在格林斯潘的带领下，美联储连续多年放松信贷条件，大大促进了 20 世纪 90 年代早期的经济扩张，同时信贷也极速扩张。1993 年，美联储暂停放松信贷管制，债务持续堆积。衍生产品市场呈现爆发式增长，然而，格林斯潘一再反对金融工具调控。因为他相信市场会自我调控，而且证券化正将风险分配（分散）到世界各地。与此同时，股票价格与房价大幅度上涨，鉴于"财富效应"，整体经济显然维持在较高水平，而格林斯潘不愿冒险提前收紧货币政策来抑制经济繁荣。在那十年间，美联储只对基金利率进行了微小的调整。

乍一看，那似乎是美联储最豪迈的时候。然而，格林斯潘没能好好应对重大结构性转变，尤其是扩张得比 GDP 还快得多的债务和迅速增长的短期证券（包括金融衍生产品）。短期证券直线增长继而推动了金融机构表外交易的快速增长。格林斯潘坚信这些债务和证券会分散风险，以此降低单个投资者的风险。此外，他还一直相信市场操作会自发控制过度的风险。

事实证明，并非如此。格林斯潘在任期间，股票市场极不稳定。20 世纪 90 年代和 21 世纪初，股价骤升；2000 年，互联网领域泡沫破灭，股市经历了重大修正；他离开美联储后，2008 年，国际金融危机爆发。这说明市场不会自发控制过度的风险；2008 年 10 月，在国会面前证明金融危机正在上演时，格林斯潘承认了这一事实。"我在自由市场模式中发现了一个缺陷，"他承认，"可以说，我将这个模式视作定义这个世界如何运作的关键运作结构"。众议院议员亨利·韦克斯曼（Henry Waxman）紧接着说："换句话说，你发现你的世界观、你的思想并不对，并不起作用。"对此，格林斯潘回应称："的确如此。那正是我为之震惊的原因，因为 40（多）年来，我一路走来，有相当多的证据表明，这个模式运转得特别好"（美国众议院 U. S. House of Representatives，2008）。

在格林斯潘的带领下，美联储不仅极少限制好的一面，还为投资者提供了后来被称为"格林斯潘对策（Greenspan Put）"的保护。就像看跌期权（资产持有者拥有按特定价格卖出标的物的权利）一样，格林斯潘领导的美联储一般会在市场大幅修正后降息，这大大增加了市场中的道德风险。

格林斯潘对市场自由化所做的最大贡献便是他在废除《格拉斯—斯蒂格尔法案》（Glass - Steagall Act）时所发挥的作用。此事颇引人瞩目，由共和党籍美联储主席与两位民主党领袖即美国财政部长罗伯特·鲁宾（Robert Rubin）和副部长拉里·萨默斯（Larry Summers）联合完成。1999 年颁布的《格雷姆—里奇—比利雷法案》（Gramm - Leach - Bliley Act）——一部克林顿总统也支持的法案，消除了商业银行业务和投资银行业务之间的壁垒及《格拉斯—斯蒂格尔法案》中的其他重要规定（这些规定已存在 60 余载）。采取这一行动时，这些有权有势的经济决策者都不能证明他们已经深入考虑过放松管制会给金融机构的结构带来什么样的后果，特别是放松管制如何为前所未有的大规模金融集聚创造了条件。正如我在本书后面的章节（第 7 章和第 12 章）中所讨论的：过度金融集聚不仅会损害金融市场的运作，也会损害美联储改善金融市场运作的能力。

所以说，艾伦·格林斯潘没有做到的事情留下了最大的影响，包括控制信贷投资泡沫、管制衍生品、抑制金融集聚以及后来（乔治·W. 布什总统在任时）公然反对急速增长的赤字，这些影响涵盖了他做过的事情所产生的影响。这很讽刺，因为格林斯潘把美联储主席的重要职位转变成了名流之辈的职位。美联储观察员、知名华尔街公司银行和普通投资者都仔细研究过他那些出了名的、晦涩难懂的言论，并不是因为他们害怕铁腕控制，而是因为格林斯潘在任期间，新增了数万亿美元的可交易资产，而且美联储的举措影响了这些资产的定价。

他的继任者——普林斯顿大学经济学教授本杰明·伯南克被小布什总统任命为美联储理事，他从 2002 年一直干到 2005 年。然后他当了两年的总统经济顾问委员会主席，并在 2006 年 2 月 1 日出任美联储主席。虽然伯南克出任过这么多公职，但是在上台之初，他的政治人脉还没有格林斯潘广。伯南克曾深入分析大萧条，以此树立了学术声誉，所以自 20 世纪 30 年代以来美国及全球最严重的金融灾难来临之际出任美联储主席似乎是"及时雨"。有些人即刻查阅了他在 2000 年出版的著作《大萧条》（*Essays on the Great Depression*），他们发现了伯南克将如何在金融危机期间实施货币政策的有力线索。"我相信现在有充分的证据，能证明抑制总需求的主要因素是全球范围内的全球货币供应紧缩"[1]（伯南克，2000）。事实上，伯南克早就因为引用米尔顿·弗里德曼的话"结束通货紧缩最好的办法就是撒（印）钱"而得

---

[1]　就此解释，伯南克与知名经济历史学家巴里·艾肯格林（Barry Eichengreen）和彼得·特明（Peter Temin）（参见文献综述）持有相同观点，他们强调国际金本位制度在维护货币刚性方面的核心作用。虽然伯南克写这段话的时候，国际金本位制已经崩溃许久，但是大萧条带来的历史教训——关于信贷紧缩时对于中央银行流动性的需求得到了更好的理解，而且 1987 年华尔街崩盘之时，伯南克的前任艾伦·格林斯潘也证明了这一点。

到了"直升机本（Helicopter Ben）"的绰号。

2008 年的金融危机决定了本·伯南克担任美联储主席的任期。这场危机剥夺了他像其他中央银行行长在经济繁荣稳定时期所享受的大部分自由，使他难以采取积极主动的政策措施，只能被动地应对危机。这场危机程度之严重、持续时间之长，也决定了他的任期；与格林斯潘在上任初期遇到的 1987 年重大调整造成的暂时性市场震动有天壤之别，2008 年的金融危机波及全球，而且造成了长期影响。美国采取了一些措施，过了 6 年（6 年多），经济才复苏。

确实，人们就伯南克应对 2008 年国际金融危机及其影响的所作所为褒贬不一。这里应包括美联储在股市崩盘之初如何应对，也包括美联储主席在股市崩盘之前的那几个月、那几年的所想所言。不幸的是，跟上一任美联储主席一样，伯南克主席认为金融环境基本良好，未能发布警告、采取措施控制过度信贷创造或衍生品。我还记得他于 2007 年在纽约大学发表完一场演讲之后来到我的桌前。"啊，亨利，"他说，"我知道你还把我们的脚放到火上（还在给我们施加压力）。"我半开玩笑地回答说："但是我没看到你的鞋子冒烟啊。"

危机爆发时，伯南克带领的美联储应对缓慢。考虑到事态的严重性，这情有可原。最终，中央银行开始实施量化宽松的货币政策，以刺激经济发展。除了把利率保持在零左右，美联储还购买了大量抵押支持债券、短期国库券及其他资产。美联储认为 2010 年还需实施另一轮量化宽松政策，继而实施了 QE2（量化宽松）政策，2012 年，又推出了 QE3。虽然有些人警告称美国经济正对如此慷慨的资金注入上瘾，但是 QE1（后来得名）同 QE2 和 QE3 至少防止了大衰退进一步深化，缩短了衰退时间。回顾过去，伯南克主席未能预测这场危机，防止这场危机爆发，对此做出及时回应，较之他认识到这场危机的严重性后所采取的干预，应该功过相抵。

缺乏预见这场危机的先见之明的其中一个原因是，与他的前任一样，伯南克先生不明白货币政策与金融市场和金融机构之间的关联。2009 年 11 月 16 日，他在纽约经济俱乐部（Economic Club of New York）发表了一场演讲，这一点变得更明显。多年来，俱乐部委任我为美联储主席演讲时的两个提问人之一。我问伯南克的其中一个问题是"在美联储收到的所有信息中，对于你目前不知道的信息，你想知道什么？""亨利，"他回答说，"我想知道那一部分资产的总价值。"他指的是市场上的金融资产，越来越多的金融资产既不在政府管控的市场交易，也没有列在企业资产负债表上。无独有偶，伯南克声称，就在 2008 年 9 月雷曼兄弟（Lehman Brothers）倒闭前几个月，抵押证券问题已得到良好控制。

虽然伯南克主席最终采取了措施（如量化宽松）防止 2008 年金融危机进一步恶化，但他的主要不足是在危机爆发之初的无作为为。亚当·波森（Adam Posen）就伯南克的自传在《外交政策》（*Foreign Policy*）杂志中发表了评论文章，他指出，"真正关键的时期"是滑坡变成山崩之前的那一年。"2007 年 8 月，法国巴黎银行（BNP Paribas）因次级抵押市场出现问题限制美国抵押贷款对冲基金的提款，之后甚至在此事发生几个月后，许多总部在美国的借贷机构倒闭或被收购，美联储几乎没有采取行动。" 2008 年 3 月，贝尔斯登公司（Bear Stearns）破产后，很多人担心其他大型金融机构的命运。"但伯南克的自传……"波森评论道，"并没有给出有力证据证明美联储在之后的几周或几个月内采取过政策，以防止一系列的事件发生"（波森，2016）。

事后，美联储拒绝拯救雷曼兄弟，遭到了广泛批评。雷曼兄弟破产 7 年后，伯南克出版了自传。在冗长的自传中，本·伯南克声称各大公司机构均认为雷曼兄弟破产这个选择不可接受，更别说这是最好的选择了。"在我参与的讨论中"他向读者保证，"我从未听美联储或财政部的任何人说过让雷曼兄弟破产不是大灾难或者我们应该考虑让雷曼兄弟破产"（伯南克，2015）。

然而，美联储就是这么做的。伯南克死抠法律条文，断言道："美联储和FDIC均无权收购雷曼兄弟，FDIC也不能用存款基金弥补任何损失"。从法律角度而言，如果雷曼兄弟不能找到新资本，政府的唯一选择就是试着让雷曼兄弟破产。关于为何雷曼兄弟没有得到美联储救助而倒闭，他的解释是发现雷曼兄弟实在无力偿付债务，而且领先投行中也没有合适的买家挺身而出。"即便援用13（3）紧急权力，"伯南克写道，"也要求我们收到充足的抵押物才能放贷。"

然而，其他权威专家，如美联储独立性新研究的作者沃顿商学院教授彼得·康蒂—布朗（Peter Conti–Brown）表示，拒绝拯救雷曼兄弟时，美联储任性地、选择性地引用了13（3），却在两天后为AIG提供了紧急救助。康蒂—布朗写道，13（3）条款包括：

客观而言，不要求该机构有偿付能力，只要储备银行对提交的抵押物表示满意；也不要求"其他机构均不放贷"（伯南克的原话），只要有证据，某些证据或者任何证据证明其他选择均不"充足合理"。这就像更广义的自行决定权一样，国会可以宣布：美联储的职责是分发资金（康蒂—布朗，2016）。

2011年，联邦政府自己的美国金融与经济危机起因调查委员会（National Commission on the Causes of the Financial and Economic Crisis in the United States）达成了一致的基本结论。《美国金融危机调查报告》（*Financial Crisis Inquiry Report*）指出，联邦政府官员不去拯救雷曼兄弟的决定"加剧了金融市场的不确定性和恐慌"。这份报告还指出："事后，他们为他们的决定做出辩护，称美联储没有拯救雷曼兄弟的法律权力"［金融危机调查委员会（Financial Crisis Inquiry Commission），2011]。

政府主要官员做出的让雷曼兄弟倒闭的决定在很大程度上受到了政治因素的影响。联邦政府在 2008 年春天拯救了贝尔斯登公司（政府提供紧急融资，被 J. P. 摩根公司收购），这引起了强烈不满，造成了巨大的政治压力。一个有由共和党委任的财政部部长汉克·保尔森（Hank Paulson）和美联储主席的共和党政权怎么能准许政府为一家私营公司提供紧急财政援助？而这家公司背负了众多赌注，而且这些赌注都是风险极大的赌注。

当雷曼兄弟成为下一批可能倒闭的主要投资机构之一时，这个问题就棘手了。实际上，伯南克在他的自传中承认，汉克·保尔森"不想当救助华尔街的公众人物"，他回忆道，保尔森和其他主要官员也因为雷曼兄弟提供援助的可能性而受到了政界、民众和媒体的严厉抨击（伯南克，2015）。作为高盛集团（Goldman Sachs）的前 CEO，保尔森对投资银行业务了如指掌。不过，他在 2008 年金融危机期间发布的记者招待会透露了他对货币与资本市场之间错综复杂的关系理解不足。与此同时，一些评论员也指责他对华尔街太过友好，特别是在为贝尔斯登提供紧急财政援助这件事上。

保尔森的政府职衔在伯南克之上，而且雷曼兄弟危机由他主导。但是从法律角度而言，美联储负责监督雷曼兄弟和其他投资银行机构。一个周日晚上（2008 年 9 月 14 日），雷曼兄弟公司的命运到了紧要关头。作为委员会成员，我清楚地记得金融史上的这个关键时刻。晚上 8 点左右，雷曼兄弟董事会收到通知，政府不会提供财政援助。公司该宣布破产吗？证券交易委员会（Securities and Exchange Commission）主席克里斯托弗·考克斯（Christopher Cox）打电话来问我们的决定。他敦促我们立即采取行动，因为远东的金融市场即将再次开盘，其不稳定因素会扰乱全球市场。考克斯打电话时，财政部长保尔森就在他的身旁，即使无权指使考克斯，他也催促考克斯说服雷曼兄弟董事会同意破产。开始时，保尔森试图组织以巴克莱（Barclays）为首的银行财团收购雷曼兄弟，但是据说英国政府否决了这项收购计划，美国一些政府官员称雷曼兄弟缺少充足的、信用良好的抵押物，不能获得联邦救助。当晚的嘈杂声中，还有一种爱国呼声，为了把对金融系统的损害降到最低，吁请董事会同意破产。

起初，我反对破产，认为如果我们一直敞开大门（保留机会），那政府官员总会以这样那样的方式为公司提供援助。这样的计划风险更大；对于委员会的大多数成员而言，破产似乎更为审慎稳妥。我不愿意仅仅是为了公司而拯救公司（或使其以另一种形式继续存在）而踏上一条风险更大的道路。确切地讲，我认为破产会招致的问题远比权威当局考虑的多而严重。不幸的是，公司宣布破产之后，这些问题迅速接踵而至。次日，在信用违约表现领域占有举足轻重地位的 AIG 也濒临倒闭。不过，政府出面给 AIG 提供了巨额援助。联邦官员也发现必须支持货币市场基金的信誉，在商业银行开展大额股权投资，并制定实施一系列其他举措。

伯南克、保尔森及其他认为雷曼兄弟应该宣布破产的政府官员似乎误解了金融资产的价值评估方式。一项资产的流通性并不固定。在 2008 年春季流通性良好的资产到了同年秋季其流通性就大打折扣了。这场金融危机本身就是金融资产的流通性在转让过程中下降的一个证明。贝尔斯登案例十分清晰地说明了这一现实。几周之后雷曼兄弟破产，也说明了这一点。

2008 年发生的这些大事件带给了我们重要的经验教训。财务报告人不得不提供快速分析。主要参与者设法为他们的行为做出辩护。这情有可原，但未必是正确的做法。要以合适的视角来看待关键事件和行动，往往要等几年。如前所述，调查 2008 年金融危机的联邦委员会、康蒂—

布朗教授和其他权威专家认为，美联储本来能拯救雷曼兄弟。约翰·霍普金斯大学（Johns Hopkins University）经济学系主任劳伦斯·鲍尔（Laurence M. Ball）教授近期开展了一项研究，就此事件提供了最为全面的分析。鲍尔的主要结论（见图 5.1）与保尔森和伯南克的结论相去甚远，是决策者未仔细审查雷曼兄弟的资产；雷曼兄弟拥有充足的抵押物；不存在防止美联储为雷曼兄弟提供贷款的法律障碍；除了破产之外，还有好几个选择，可能这些选择比破产的损害更小。雷曼兄弟破产是使全球金融界陷入瘫痪的关键。在后面的章节（第 13 章）中，我会讨论美联储屈从于政治压力的风险，而雷曼兄弟破产就是最好的案例。

表 5.1　"美联储与雷曼兄弟"：劳伦斯·鲍尔报告的主要结论

- 有大量破产前决策者审议的记录，其中没有证据证明他们调查过雷曼兄弟是否拥有充足的抵押物，也没有证据证明存在阻止他们救助这家公司的法律障碍。

- 公司破产之后，决策者提出的关于法律权力的论据不具说服力。

- 这些论据涉及对经济和法律概念的错误解读和看似不准确的事实声明。

- 重新调查雷曼兄弟的财务状况，很明显，公司拥有充足的抵押物，能获得贷款，以满足其对流动资金的需求。这贷款本来能防止公司无序破产，对美联储的影响也微乎其微。

- 更确切地说，按照提供给其他投资银行的条件，雷曼兄弟本可能可以通过一级交易商信贷工具（Primary Dealer Credit Facility）获得贷款，从而存续。美联储官员限制雷曼兄弟获得 PDCF，扼杀了这种可能。

　我们永远都不会知道，如果美联储拯救雷曼兄弟于流动性危机中，雷曼兄弟其后的命运会怎么样。雷曼兄弟本来可能作为一家独立公司长期存在；或许已经被其他机构收购；最终，也许已经被迫终止了公司业务。但是，其中任何一种情况对金融系统的破坏都可能会比已经发生的破产更小。

　如果法律限制没有说明为什么不拯救雷曼兄弟，那还有什么能够解释呢？可取证据证明政治考量十分重要，而且决策者没有全面预测到破产会造成的损害。记录也表明了让雷曼兄弟破产的决定主要是由财政部长亨利·保尔森做出的。根据《联邦储备法》（Federal Reserve Act），美联储拥有做出决定的唯一权力，但是美联储官员遵从了保尔森的决定。

现在就要客观评价美联储新任主席珍妮特·耶伦的表现为时太早。耶伦由奥巴马总统提名，于 2014 年 2 月宣誓就职。她出任现在这个职位时，已经有了丰富的资历：她是耶鲁大学经济学博士、加利福尼亚大学教授，也曾担任总统经济顾问委员会主席（1997—1999 年）、旧金山联邦储备银行行长（Federal Reserve Bank of San Francisco）（2004—2010 年）、美国联邦储备委员会副主席（Vice Chair of the Fed's Board of Governors）（2010—2014 年）。她是美联储第一位女性掌门人，开创了历史。

耶伦掌舵美联储的其中一个优势就是她的领导风格。截至目前，还没有出现重大的反对她的观点的声音。只有个别委员投票反对她在货币政策方面的一些细枝末节。如前所述（见第 4 章），这与保罗·沃尔克时不时遭到委员会的反对形成了鲜明对比。除此之外，耶伦似乎也不会让个人观点屈从于联邦公开市场委员会的意愿，借此达成强烈共识。

与她的前任一样，女主席耶伦也大力支持美联储提供前瞻性指引的做法。依我之见，这并非加分项，因为我向来认为中央银行的经济金融预测，有时候包括针对未来三年的预测，会歪曲金融市场行为。前瞻性指引鼓励市场参与者投机，承担过多市场风险。但是长期指引不精准，当然，谁也别指望长期指引会精准。与此同时，美联储认为自身的预测都是基于合理的市场反应做出的。

耶伦博士和她的很多同事一样，也在很大程度上专注于通过周期性视角来分析经济金融事件，即基于历史数据建立经济金融举措模型。从分析角度而言，周期性重合让人欣慰，但是有极大的限制。最重要的是，周期性重合并不会就持续改变金融市场和整体经济的结构性变化提供深刻见解。这是前几任美联储主席（如艾伦·格林斯潘和本·伯南克）未能采取预防性措施来控制过度投机的原因，导致意外情况爆发，措手不及。耶伦担任旧金山联邦储备银行行长和美联储副主席的时候，情况也是如此。

随着特朗普政府的组建，货币政策的管理和实施出现结构性转变。在本书出版之际，市场参与者们正在猜测谁会接替珍妮特·耶伦担任下一任美联储的掌门人。虽然难以预测，但当选总统特朗普在竞选总统期间就强烈批评过耶伦女士，所以她很可能是世界大战之后任期不超过一任的两位美联储主席之一（威廉·米勒没结束他的第一任任期）。此外，历史上多任美联储主席都获得了不同党派的总统的任命：比尔·马丁、保罗·沃尔克、艾伦·格林斯潘和本·伯南克。

那么，特朗普总统在挑选下一任美联储主席时，会看重哪些资质呢？第二次世界大战后，大部分中央银行行长均是知名经济学家、行家里手，如伯恩斯、沃尔克、格林斯潘、伯南克和耶伦。相反，任期最长的美联储前主席威廉·马丁本人并没有经济学教育背景，他出任美联储主席一职时，有商界和政府工作背景；威廉·米勒原先是德事隆产业集团的总裁。事实证明，他无法应对20世纪70年代末期的恶性通货膨胀。新任总统会物色一位与他有相似政治和经济信仰的经济学家，还是找一位拥有整体经济学和金融背景但未受过专业教育的经济学家？迄今为止，特朗普先生组建的内阁和为主要政府机构挑选的人员均说明他不太可能会任命一位拥有强大的货币传统信仰或深谙央行政策战术和专业用语的人来担任美联储主席。

他对中央银行的影响还不止于此。除了提名美联储新任主席外，他很快就有机会替换大部分中央银行高层管理人员。由七位委员组成的美联储委员会（委员会主席也是委员）现在已经有两位空缺，新任总统可以即刻填补。斯坦利·费希尔（Stanley Fischer）副主席的任期会于2018年6月到期，他很可能在任期结束之前就离职。其他几位委员也可能在任期结束之前退休。这样的情况并不罕见。过去，鲜有美联储委员会委员能够在任满 14 年。因此我觉得，未来两年，新政府可能要替换至少五位委员。虽然，近几十年，很多新任委员都是从经济学家中挑选出来的，还有一部分委员来自美联储内部，但我怀疑这种提名任命方式是否会继续。

考虑到美联储的高层管理人员会有大范围变动，货币政策战略战术也会有所变化。前瞻性指引，货币政策的其中一个现有主导特征很可能会消失。美联储对未来几年经济活动的预测一直都不准确，这是因为这些预测以以往的周期性经济重合为根据，但这些重合没有考虑经济和金融市场中的结构转变。未来，美联储的指引可能比过去几年更不具体、更不可靠。

新任主席在金融领域面临的挑战并非由他自己造成，但是等他上任时，这些挑战会更加严峻，有些挑战不可避免。美国经济金融市场的各行各业现在都已背负着过于沉重的债务。金融资产集聚在一小部分"大而不能倒"的机构手中，集聚程度前所未有。此外，我们的金融系统将美联储视作流动资金来源，对其太过于依赖。

6 查尔斯·桑福德与定量风险管理的兴起

　　小查尔斯（"查理"）·桑福德是第二次世界大战之后最创新立异、最具企业家精神和最达观的商业银行家之一。虽然现在很少有人会想起他，但他是近代金融史上的一位核心人物，他主导了现代商业银行业的结构性转变——把信孚银行从一家商业银行转变成了一家投资银行。进一步说，他创立了创新性定量风险管理技术，将其用作评估风险的主要工具，这套工具在业内广泛使用。不过，他的事业既有成功，也有失败。在信孚银行任职期间，他调整了银行的资产负债表，银行利润大幅上涨。然而，1997年他退休时，银行利润不断下滑，陷入官司。

　　桑福德的崛起和陨落同时发生，推动了第二次世界大战后美国银行业发展的大趋势：越来越多的人认为传统商业银行业务过时乏味；出现越来越多激进的冒险活动；出现评估、控制风险的新技术，经证明，很多技术都很空洞、没有实际意义；金融机构追求多元化发展，其高层管理人员在公司综合经营方面面临局限。查尔斯·桑福德的例子格外引人入胜，这是因为关于银行业作为重要服务业在社会中的地位，他想了很多，也写了很多相关文章。借用管理学研究中的一个术语，他就是一位"反思性实践者"。

　　1903年，信孚银行由纽约一批银行联合创立。强硬的执行官埃德蒙·C. 康维斯（Edmund C. Converse）担任总裁，表决权由 J. P. 摩根的三位合伙人所有。信孚银行旨在成为"银行家的银行"，为美国国内其他银行提供信托服务（但不与他们争夺商业客户），供其存放资金，以备成员银行在需要之时取用。1907 年金融大恐慌（Panic of 1907）期间，信孚银行在约翰·皮尔庞特·摩根（J. Pierpont Morgan）的干预中发挥了重要作用。几年后，信孚银行收购了其他两家领先的信托公司：商业信托（Mercantile Trust）和曼哈顿信托（Manhattan Trust）。1914 年，小本杰明·斯特朗在协助创立美联储后，成了当时数一数二的银行家，担任了信孚银行第二任总裁，但只担任了一小段时间，随后他出任纽约联储主席。为了遵守《格拉斯—斯蒂格尔法案》（也称为《1933 年银行法》），信孚银行不得不裁员，但其信托部门完整保留。

第二次世界大战后，信孚银行又收购了几家公司机构，不过依旧保守。1980 年，情况发生了些许变化，在 CEO 阿尔弗雷德·布里坦三世（Alfred Brittain III）的领导下，信孚银行开始出售其零售银行业务。那时，一名年轻的主管正如新星般冉冉升起，他最终将给信孚银行带来更大的转变。

1958 年，小查尔斯·斯特德曼·桑福德本科毕业于佐治亚大学（University of Georgia）。佐治亚大学与他家有深厚关系（他的父亲也毕业于这所学校，他的祖父曾担任过这所学校的校长）。随后，查理到宾夕法尼亚大学沃顿商学院深造，获得工商管理学位，但是他和他的妻子依然更喜欢他的本科母校。

1961 年，查理进入信孚银行担任商业银行业务主管。大约十年后，我注意到了他，因为他聘用了经济学家艾伦·勒纳（Alan Lerner）。而我在 1972 年聘用了艾伦到所罗门兄弟工作。当时，艾伦在纽约大学任教，即将读完博士。我安排给他的工作任务是密切关注美联储和美国财政部。这是因为作为公司高级管理人员，我要负责更多的研究，要在公司承担更大的责任。艾伦的工作做得非常出色。我对他的离职深表遗憾。而桑福德发现艾伦能很好地融入信孚银行以风险为导向的业务活动。艾伦在信孚银行如鱼得水，但他在 1994 年离开了信孚银行。我猜他是对定量风险承担安排的方式及等级和公司越来越无视客户关系的做法有所不满。

查理成为"四人小组"午餐会的第四名成员时，我开始了解他这个人。他在午餐会小组待了 4 年左右，1997 年，他从信孚银行退休，就离开了午餐会小组。看外表，他并没有大型金融机构领导的常见模样架势，他礼貌谦逊。虽然身居高位，不过他就住在市郊舒适但不铺张奢华的家里。他的车普通素雅，我想他这是为了保持勤俭节约的消费习惯。

1969 年，桑福德被调到信孚银行资源管理部门（Resource Management Department），发现了自己的志向所在。这个部门处理政府债券、市政债券、外汇及其他短期工具，也负责为公司融资，管理公司投资账户。查理成为这个部门的"一把手"后，他主要负责制定实施名为"风险调整资本回报率（Risk Adjusted Return on Capital，RAROC）"的量化程序。最终，这项技术被应用到多种不同的银行资产等级中，经过调整，适用于任何资产等级。正如德意志银行（Deutsche Bank）董事总经理吉恩·吉尔（Gene Guill）后来解释的，在追溯风险管理的发展时，桑福德的模型考虑了以下因素："贷款的预期利用、借款人的信用评级、到期、信用期限、（贷款）承诺费和净利息收益率（Net Interest Margin，NIM）"（吉尔，2009）。

后来，桑福德对这项技术的解释如下：

我们假设市场在两周之内是高效的。在两周内，我们（交易商）可以比非交易商更敏锐地发现供需特征。我们把我们的客户群体视作市场样本。利用我们从客户群体那里获得的信息，我们就能评估价值。

同时，我们开始在一种比以往更为精细的程度上运用概率论（Laws of Probability）。这就是风险管理革命的开端，20世纪80年代，我们使这一场革命处于突出地位（桑福德，1996）。

通过运用基于期限、概率、市值计价的模型，桑福德的部门第一次试图全面评估风险，将所有资产和负债（包括表外资产和表外负债）考虑在内。这样，桑福德称，"信孚银行成了第一家在框架内明确量化风险的金融机构，这种框架允许管理人员在真实的商业场景中更好地权衡风险/回报"（桑福德，1996）。这在美国金融史上具有里程碑式的意义。

有了这些新指标后，信孚银行调整了资产负债表。公司开始积极参与到信贷市场中，发起人与其他贷款方共同分担未收回放款额，这不仅降低了信孚银行的未收回放款额，也使其腾出了更多的资金用于放贷。这种战略稳健谨慎。但是没那么稳健谨慎的是公司冒进涉足杠杆收购和金融衍生品。当然，这两个市场日后会代表华尔街冒进的文化，至少在衍生品这个市场，也代表难以控制的复杂程度。这种文化是2008年出现金融崩溃的主要原因。

不过，这两个市场在初期创造了惊人的利润。带领公司涉足杠杆收购、衍生品和其他新兴市场，桑福德的战略似乎像阿拉丁神灯一样万能。1968—1977年和1978—1987年这两个十年，信孚银行的股本回报率（ROE）从10.4%上涨到了13.3%，净利润（税后）从5700万美元飙升到了2.2亿美元。1987年，查理·桑福德当上了信孚银行的总裁兼CEO。领导地位稳固后，他加大力度推动这项新战略。下一个十年（1988—1997年），ROE上升到16.5%，净收入攀升至5.06亿美元。

从另一组数据也可以看出，信孚银行利润飙升主要是受到了风险套利技术的驱动。信孚银行逐步退出了传统银行借贷业务。桑福德出任 CEO 和总裁时，信孚银行的贷款资产比率是 60%。1997 年，他退休时，这一比率下跌至 10%。然而，银行内部涌动着一股令人不安的情绪。1987 年，公司的坏账总额高达 6.36 亿美元，使公司净收入锐减至 120 万美元。根据吉恩·吉尔的分析，这些贷款在 1982 年 8 月之前就已经预约登记。这些贷款最初是由国际业务部国际信贷小组（International Credit Group of the International Department）发起的。该小组未向桑福德汇报此事，而且这些贷款也没有按照桑福德的风险管理方法进行管理。不过，广泛的数据公开报道使信孚银行在华尔街备受宠爱。

1993 年，桑福德写下了他最为知名的演讲稿。这篇演讲稿充分证明了他才思敏捷、智慧过人。在《2020 年的金融市场》（*Financial Market in* 2020）演讲稿中，桑福德描绘了一个愿景：未来，金融分析会运用量子物理学、分子生物学、混沌理论、模糊逻辑、神经网络及其他先进科学领域来更好地权衡风险与回报。当时，大多数华尔街从业者对这些晦涩难懂的理论还闻所未闻，更不用说去想象这些理论与金融和经济学的关联了。不过，桑福德的理论并非丧失人性，也非反乌托邦。他试图用独特的人文主义方式将高端科技与人类判断和智慧相融合。在他所称的"粒子金融（Particle Finance）"中，"为风险特征作价的金融专业人员会继续结合自动化分析和判断"。这种先进的新型金融学将带来普遍好处。

社会评论家可能会说这些不过是牺牲大部分人的利益让小部分人富裕起来的金融工程活动——一场零和游戏。并非如此。因为随着风险管理的精确化、个性化，需要我们共同承担的风险就会大大降低，对金融资本的需求会随之下降。这能创造极大的社会价值，因为本来要用来缓冲这些风险的金融资本可以用到其他社会领域，创造更多财富，满足社会需求。除此之外，还可以更好地利用人才，以此释放人力资本（桑福德，1993b）。

1997年，即退休前一年，踏着功成名就的浪潮，桑福德在沃顿商学院发表了一场演讲。在这场演讲中，他不仅回顾了信孚银行的定量风险管理创新，也总结了这些创新在社会和道德方面造成的广泛影响。他说，他非常重视创新和创造力、高效领导、突破传统观念和道德行为。市场参与者不应狭隘地追求利益，而应该"培养判断金融工具价值的能力，而不是单单关注其价格，因为这能实现更有效的资源配置"。继而，这会"为社会创造财富，因为这能提高生活水平（所有人的物质生活和精神生活）。"的确，在桑福德的框架里，非物质层面跟物质层面同等重要或更为重要。他表示，所有人都应该通过家庭、文化和精神爱好努力实现工作之外的生活平衡（桑福德，1997）。

1998年，金融浪潮转了个向，信孚银行的净利润（税后）从上一年的5.06亿美元暴跌至亏损7300万美元。次年，信孚银行亏损近2亿美元。导致这些亏损的正是由查理担任银行一把手后引领推动的那些业务。

即使是在这些巨额亏损被爆出来之前，信孚银行至少也已经被两大客户起诉，据称，信孚银行误导了他们，或者说是对他们隐瞒了银行用他们的投资资本承担的衍生品风险。调查揭露了一些令人忧虑的真相，结果信孚银行被罚款，碰到法律麻烦，陷入危险困境。《商业周刊》（*Business Week*）报道指出："现在是1993年11月2日，信孚银行的两名员工正在讨论银行近期与宝洁公司（Procter 和 Gamble Co.）达成的杠杆衍生品交易。'……他们永远都无法知道'一位员工说，她指的是信孚银行可能从这笔交易中赚取的巨额利润。'绝对，不可能知道，不可能，'她的同事说，'这就是信孚银行的非凡之处'。"

1995 年，《纽约时报》报道称，"信孚银行隐瞒了吉布森礼品公司（Gibson Greetings）在衍生品交易中的亏损程度，上个月，信孚银行同意支付 1000 万美元罚款来平息指控。真是令人尴尬无比，联邦监管机构对其进行了轻度斥责。"根据美国证券交易委员会（SEC）的一份文件，记录了信孚银行的一位高管与一位同事的对话，称自己就亏损一事向吉布森撒了谎。"我们告诉吉布森亏损了 820 万美元，而实际亏损高达 1400 万美元，"这位高管直言（Business Day，1995）。

桑福德批准或鼓励他的投资人和风险管理经理采取这些行动了吗？我心存疑虑。我与查理的私交表明他是一个有道德的人，他认为社会利益源于良好的企业行为。他的文字和声明也能说明这一点。然而，这并不能为桑福德开脱，他没能有效管理他手下的人员。桑福德是CEO，是公司风险的终极管理人。这份责任不能分到其他人身上。作为首席战略师，CEO 要为公司的资产配置负责。更具体地说，在查理的案例中，就是他未能始终坚持让其资深管理人员将客户关系置于短期利益之上。这使公司内部更看重客户关系的人员失去了其在银行中的影响力，很多人包括艾伦·勒纳最终纷纷离开。讽刺的是，勒纳和与他的志趣相投的团队当时正竭力遵守查理的高标准。

毫无疑问，查理·桑福德对资本主义和竞争市场的作用抱有理想观念。他渴望把信孚银行打造成一个典型，让其他金融机构争相效仿。他设想的财富大体上包括"可以界定为对人类有益的一切，包括健康、幸福和成就"。他渴望文明社会，但社会个体形形色色，善于表现，有缺点不足，并不完美。他猛烈抨击这种或者那种形式的金规则，称其"是所有伟大的宗教道德传统的价值，适用于所有人，不论其社会地位高低"（桑福德，1993a）。

涉及信孚银行的员工，桑福德甚至更加具体明确。1997 年，在一场名为《社会契约》（*Social Contract*）的演讲中，他坚称：

> 我们在各个方面都秉承高标准。在做所有决定时，我们不仅高度重视他人，而且重视理性诚实。理性诚实比法律法规更重要。这是佼佼者固有的优点，他们拥有更加宽阔的视角，而不仅仅是"对我有什么好处？"……在信孚银行不存在迫使员工做不道德的事情的压力……我们要求员工行为符合道德规范，从无特例，这不仅仅是监管机构的规定，也是理性诚实的要求。对所有代表信孚银行开展的项目都要进行合理判断和批判性思考（桑福德，1992）。

查理·桑福德试图在信孚银行打造的东西与其在道德和法律方面的困难形成了鲜明对比，这肯定让桑福德大失所望了。他试图为一个进行快速交易、与客户的关系越来越疏远、可能获取巨额利润的环境逐步制定高道德标准。讽刺的是，虽然他协助开发的风险管理技术可能可以降低金融市场的波动性，但是这些技术极为复杂、技术性强，反而使其变成了使金融市场更加晦涩难懂的工具，而没有使其更为简明易懂。此外，吉恩·吉尔在其对信孚银行风险管理发展的分析中总结道："运用模型最大的一项风险就是用户不去质疑模型的假设、参数和规格，就直接去质疑模型。久而久之，原本被认为很重要或只是被忽视的变量和关系可能会变得尤为重要，而模型本身也可能带来误导性结果。"

我觉得风险管理面临的更大挑战是高层管理人员往往会忽视风险管理人员的警告，特别是在牛市期间。高层管理人员不愿降低股东的期望。不论是从技术角度还是政治角度出发，这都会使负责管理风险的人员陷入不利境地。在高层管理人员的眼中，与重要交易商和其他能呼风唤雨的人相比，风险管理人员着实低人一等。即使到了 20 世纪末，风险管理在大型金融机构中已非常常见，但是在 2008 年以前，风险管理人员仍常被大老板忽视。

华盛顿互助银行（Washington Mutual Bank，以下简称华互银行）的首席信用官（Chief Credit Officer）兼首席风险官（Chief Risk Officer）描述了这些动态。华互银行持有过度次级贷款和可调利率抵押贷款（Adjustable Rate Mortgage），于 2008 年倒闭。根据詹姆斯·G. 凡纳塞克（James G. Vanasek）于 2010 年在美国参议院常务调查委员会（Permanent Subcommittee on Investigations）的证词，在华互银行任职期间，他多次发出警告，多次提议银行控制承担过高风险。"我曾以多种方式、在多个场合试图限制正在发生的一切。"他提议限制次级贷款和高风险贷款在投资组合中的占比。他试图限制只需口头说明收入情况的贷款（未核查借款人的收入便发放的贷款）的数量。"贷款发起人反复扬言称要退出，如果贷款申请不能获批，"他回忆称，"他们就转投美国国家金融服务公司（Countrywide）或其他公司。"当公司采用了"接受的力量（Power of Yes）"作为抵押贷款市场的口号时，他则呼吁与之抗衡的"拒绝的智慧（Wisdom of No）"。他的提议与当时的主流文化背道而驰，"很多人认为我的言论对我的职业极其不利"，凡纳塞克表示。凡纳塞克的这些和其他限制风险的提议都未得到高层管理人员的有力支持（凡纳塞克，2010）。华互银行倒闭是美国银行史上最大的一次倒闭案，涉及资产近 3290 亿美元。

如果桑福德的金融愿景很快就能实现，简直不可思议。我表示怀疑，主要是因为金融业应该秉承更高的行为标准，而不是更广阔的业务舞台。这是因为金融机构受托保管我们的存款和临时资金。它们保管我们所有人的存款和临时资金。所以，它们是守卫者。如果存款和临时资金丢失，我们大家都会遭殃，不论是个人还是民主经济，都会受损。因此，可靠负责的金融行为规则必不可少。这些规则应该包含哪些内容、应该如何实施，在今天仍然是棘手的问题。查理·桑福德向往的金融世界非常可取，但是需要一次又一次的飞跃才可能实现。

实际上，桑福德在 1993 年描绘的 2020 年金融愿景最终与现实大相径庭。虽然在桑福德发表富有创造力的演讲 20 年后，金融的技术性和科学性均有所增强，但是人类判断对金融的认识与控制还不够；模型变得最为重要。不仅如此，虽然自 1993 年以来，准备金普遍减少，但这并不是因为风险得到了更好的控制，而是因为人们能够普遍接受风险，而且风险的系统性增强。

桑福德退休后，信孚银行的新任领导试图回归更多传统银行业务。1998 年 11 月，德意志银行同意以 101 亿美元收购信孚银行。这次收购拯救了信孚银行，因为在收购定下来前，信孚银行就已经在归还财产诉讼案件中认罪，该案件禁止信孚银行（重罪已定罪）交易多类证券。若是对其置之不理，信孚银行会彻底不复存在。几年后，德意志银行将其信托与保管部门（原信孚银行）卖给了美国道富银行（State Street Bank）。

从 2008 年发生的国际金融危机来看，金融界忽视或迅速遗忘了从查尔斯·桑福德领导的信孚银行的崛起和陨落中得到的，关于风险管理、企业文化、金融道德行为的重要经验教训。

7　沃尔特·瑞斯顿的地位

在第二次世界大战期间以及其后多年，金融管理人员适应了在新政时期（New Deal）制定实施的新规章制度，再次开始为私营企业融资。然而，时光流逝，20世纪20年代金融过度化的迹象日渐消逝。到了20世纪60年代，在大萧条时期占据金融市场主导地位的经理和业主要么退休了，要么被解雇了，他们为新一代金融领袖让了路。在新一代金融领袖中，最耀眼的当属花旗银行的沃尔特·瑞斯顿。瑞斯顿在1967—1984年担任全球最大的金融机构之一的CEO，为美国银行业开疆拓土，所做的贡献超过了任何一个人。时至今日，依然没有人可与他相提并论。

瑞斯顿并未接受过专业的经济教育培训，也非毕业于商学院，不过他是塔夫茨大学（Tufts University）弗莱彻法律与外交学院（Fletcher School of Law and Diplomacy）的硕士毕业生，当时，他的志向是外交。他的父亲曾担任劳伦斯学院（Lawrence College）和布朗大学（Brown University）的校长，是一位著名的学术领袖。第二次世界大战期间，瑞斯顿在部队服役，之后他不确定自己是否能跻身外交领域。而当时正好有人鼓励他，并把他引荐给国民城市银行（National City Bank）。1946年，他开始了银行业职业生涯，彼时年薪2500美元。他的银行业务学习之路比较艰难，在银行内部多个国内外部门轮流任职。1967年7月，晋身CEO时，他已经在管理方面拥有了强大的影响力，树立了特立独行的公众形象。

身处权力的巅峰，瑞斯顿真是无比威风。他高大壮硕，行事强硬，说话直截了当。虽然他召集了一批精明能干的高层领导，但是据可靠消息称，花旗银行的高层关系并不融洽。他与华盛顿的高层领导有政治往来。他的演讲都经过精心设计，堪称经典。

不过，最重要的终归是他的思想观念，而非他的人格魅力或是他的坦白直率。现实与那些华而不实的言语总是相去甚远。在瑞斯顿的领导下，花旗银行向拉丁美洲各国发放大量贷款，后果不堪设想。在其他方面，他也大力推动，如带头提议取消州际银行业务障碍、（通过发行可转让定期存单和其他方式）取消利率上限，大肆推广信用卡。在瑞斯顿的领导下，花旗银行发明了 ATM（自动取款机），安置在各地，不仅节约了公司成本，也为客户提供了便利。

瑞斯顿的三大观念驱动着银行的诸多战略，也影响了整个商业银行大舞台。瑞斯顿坚信花旗银行不但应该而且也能将年度利润提高15%。这个目标非常大胆，当然也需要承担极大的风险。实现高收益的一个方法——瑞斯顿的第二个观念是降低资本充足率。瑞斯顿表示，银行持有的资本不再需要跟以往一样在负债中占有较高的比例。此外，瑞斯顿还经常说国家银行不会倒闭，这也为花旗向拉丁美洲的冒进放贷做了辩护。他显然是忽视了或至少是轻视了约翰·梅纳德·凯恩斯（John Maynard Keynes）的敏锐观察和言论："如果你欠银行 100 英镑，那是你的问题。但如果你欠银行 100 万英镑，那是银行的问题。"

瑞斯顿目标明确、处乱不惊，花旗银行的竞争战略对其他大大小小的金融公司产生了深刻影响。但是我认为，他就是金融市场中的花衣魔笛手（Pied Piper），相当多的金融机构效仿他的策略做法，最终很多机构铩羽而归。我不赞成他的总体方法和诸多言论，他也反对我的观念和言论。

其中一次分歧出现在 1976 年。我受邀参加一场《金融时报》主办的报告会，发表了一篇名为《长期而言，银行家是否需要适应更恶劣的环境》（*Will the Bankers Need to Adjust to a Harsher Climate Over the Longer Term*）的讲话。我的其中一个结论是，在过去十年间，"新一代业务管理人员开始认为通过金融杠杆、集团化、协同增效、同类产品可以获得眼下的成功和永久的成功……同时，银行采取行动摆脱限制，做出更多努力，解放整个金融系统。"我特意提到了可转让定期存单（如上所述，此乃花旗银行的战略重点）。"乍一看，20 世纪 70 年代初期似乎广受赞誉的银行业背景，"我总结道，"最终导致了不堪的后果。"

我的讲话引来了大量关注，但并未在花旗银行得到良好反响。花旗银行的高层管理人员邀请我共进午餐，出席的有瑞斯顿、花旗银行执行委员会主席爱德华·帕尔默（Edward Palmer）和威廉·艾勒·斯宾塞（William Ira Spencer）。花旗高层明确反对我的分析。尤其是，他们辩称我没有正确评估银行业的新基本面。在他们看来，锁定银行负债成本和资产回报率之间的价差是完全必要的。他们继续说，主要靠发行可转让定期存单和用浮动利率融资（Floating Rate Financing），可以降低银行资本需求，现在是可能的。瑞斯顿相信价差经营（Spread Banking）使银行摆脱了利率束缚。

我的辩驳陈词主要围绕以下三点。第一，在他们的世界里，实行货币限制的任务需要大幅加息。第二，持续抵制货币限制会鼓动边际借款人继续贷款。第三，反过来，这会使优质贷款和劣质贷款之间的收益率差变得越来越大，因而引发银行业和货币政策问题。围坐在餐桌旁边的花旗高层一一反驳我的观点。其中有一位表示："亨利，我们是银行家，知道如何判断信用。"当然，历史明鉴，证明了他是错的。

虽然，多年来，瑞斯顿在公开场合发表的关于我的言论少之又少，但是据说，他在一场由美国商会（Business Council）组织的会议上说了"考夫曼关于利率的言辞，六次当中只能说对一次。"此话荒谬至极、没有根据。《华尔街日报》邀请他评价我写的第一本书 *Interest Rates, the Markets, and the New Financial World*，他对我的经济金融分析的批判毫不客气、凶相毕露。他可没放过我。他的开篇第一炮，不仅展现了他坚定的语气，也体现了他的挖苦讽刺之意："亨利·考夫曼，所罗门兄弟一位高级职员，对交易场所有清晰的认识，但他竟然强烈反对创造'过度'信用，就像妓院里的钢琴演奏者，辩称自己不知楼上为何喧闹一样。"

虽然瑞斯顿称赞了我写的关于过时的金融教条的章节，并勉强承认"当考夫曼先生（未称我为博士）讨论利率趋势时，处处可见他的分析能力"，但是他难以找到那本书中的其他可圈可点之处。相反，瑞斯顿认为我对商业银行大肆开展投资银行业务的担忧不合适；并错误地表示我对只依赖货币政策的疑虑意味着我将货币主义视作"一种失败的理论"。1986 年，瑞斯顿仍旧热衷于供给侧经济学。后来，独立分析说明这是一种失败的学说（富勒顿，1994）。因为我批判这一学说，他还对我大加指责。不过，最让花旗银行的这位首席大使耿耿于怀的是我的中心论点，即有"守护者"时，信贷市场运行得更加良好，以及瑞斯顿对我的立场的恰当总结："放松管制会威胁整个金融系统，还会带来意想不到的后果。"他不受丝毫影响。在 2008 年国际金融危机爆发三年前，瑞斯顿就过世了。若能听到他的辩解，肯定很有意思。

如果说沃尔特·瑞斯顿是 20 世纪 60 年代中期到 20 世纪 80 年代中期及以后的银行业自由化的唯一缔造者有夸大之嫌。监管机构也发挥了重大作用。但是，在很多方面，他们是受到了瑞斯顿和规模庞大、实力雄厚的花旗银行的推动和鼓动。那个时代，没有比瑞斯顿更直言不讳、雄心勃勃、更具影响力的商业银行家。没有一个私营个体对20世纪末期商业银行业的结构性转变负有更大的责任。在瑞斯顿的领导之下，花旗银行达到了一个机构的高水位线。金融自由化也确实带来了一些好处，对储蓄者和投资者而言尤为如此，它们有一批新的产品可以选择。

但是，瑞斯顿和他的同事还是对另一方面视而不见——激进的市场自由化给金融系统带来了新型风险。瑞斯顿在花旗银行播下的很多种子，后来都结成了苦果。他的继任者约翰·里德（John Reed）延续了很多相同的政策和做法。查尔斯·"查克"·王子（Charles "Chuck" Prince）在威尔之后成了CEO（2003年）和董事长（2006年），他也继承了瑞斯顿的思想观念。

"只要音乐还在播放，"被问及花旗银行的大肆开展杠杆收购借贷和其他私募股权交易时，王子告诉《金融时报》，"你就要起来跳舞。我们都在跳舞。"那是2007年7月，当时，贝尔斯登公司宣布两只对冲基金崩盘，对与抵押贷款相关的证券的需求正在不断缩小。

王子的回答使我恍然大悟——金融机构的领导为何明知风险过大还会去承担这一令人不安的迹象，为此，我在《金融时报》上写了一篇专栏文章，探讨为什么金融机构觉得必须借贷更多给一个已经臃肿的信贷市场。专栏文章的题目带有警告性质，为《跳波尔卡舞时，要注意脚下》（*Watch Your Step in the Liquidity Polka*）（2007年7月21日）。"如今，"我指出，"公司和个人都分不清流动性和信用可得性（Credit Availability）的区别。"过度证券化就是其中一个驱动因素。"可交易资产激增刺激了承担风险的欲望，削弱了流动性的传统概念，人们认为只要价格合理，信用永远都可得。"科技进步（如计算机交易和近乎实时的信息）助长了"信用市场永远都存在，还有近乎完美的信息"的观念，也助推了这一趋势。

流动性音乐还在播放，大型金融机构都不愿离开舞池。提前离开舞池就有将巨额利润拱手相让给竞争对手的风险，导致利润下降、市场份额缩减、员工对奖金不满、股东对红利不满。因此，主管们进行风险管理时，都不愿意相信判断分析。相反，他们给出明确的时间限制，拥有科学信念，受到近期利润的诱惑，受到驱使而选择量化风险、建立模型。

这种话，瑞斯顿和王子都不想听。过了一段时间后，2008 年的国际金融危机恶化，王子的话一直萦绕在他的脑际，也代表了由无休无止的借贷引发的金融崩溃。

花旗银行最让人忧虑的缺点就是没有控制好风险承担这一环节。这也影响了其他商业银行，他们感受到了竞争压力，要开展原有范畴外的多元化业务（混业经营），承担更多风险。在商业银行业，花旗银行带头确定了并扩大商业银行的角色。

8 "大到不能倒"危机

当华尔街、政策制定者、举国上下眼睁睁看着 2008 年国际金融危机大戏上演、担心系统性崩溃时，另一场大戏也在同台上演。介于贷款方和借款方之间的机构正在倒闭，正集中合并成少数几家举足轻重的金融机构。实际上，在金融危机期间，这个过程受到了官方政策制定者的援助和教唆。到了那时，最大型的金融机构显然已经"大到不能倒"了。为了尽可能减少破产案例、避免市场混乱，实际上，美联储和其他官员鼓动金融机构进行合并。他们还要求大型金融机构接受政府资金注入。这也是自大萧条以来最为严重的金融危机破坏金融系统和整体经济的另一种方式。危机当前，这种破坏被大大忽视。

在美国经济中，集聚是一个越来越突出的问题。在很多领域，行业寡头正在出现。2015 年，世界 500 强中，6% 的企业，28 家公司就占有世界 500 强企业净利润的一半以上（克兰茨，2016）。在金融领域，这个问题尤为突出。

如今，我们亟须新的管制，来处理金融集团——有些人称其为综合性金融机构，当下及未来扮演的角色。债务呈指数增长，金融系统跟跄前行、濒临崩溃，金融当局最为关注的是金融工具，如衍生品、住房抵押贷款支持证券、信用违约互换，而对主要金融机构的结构体系的关注则相对较少。

在第二次世界大战后的最初几年，大规模金融集聚似乎极不可能出现。20 世纪 20 年代过度投机之后出现的大萧条引起了政界大范围的强烈反对（见第 11 章）。国会通过了一波强硬的法规，将金融机构（主要是银行）限制在规定市场之内，将其与许多活动隔离开来。至此，金融集团不仅过时，而且违法。对大多数主要金融机构的高层管理人员而言，关于大萧条期间悲惨的银行倒闭和大量债务注销，他们还记忆犹新。期望金融专业化——合理隔离、界限明确会一直持续的想法是合理的。

20 世纪 60 年代和 70 年代，美国金融市场的合并缓慢增多，几乎难以察觉。主要是银行机构的合并，尤其是吸收存款的机构的合并，如商业银行和储蓄贷款协会。合并后，很多机构丧失了独立性，都因为过度慷慨的借贷行为而遭殃，这也是对未来的预示。

20 世纪 70 年代末期和 80 年代，竞争压力加剧，导致一轮新的管制放松，主要废除了新政时期的监管体制。到了 20 世纪 90 年代，金融集聚达到了高峰。这主要是因为废除了隔离大部分金融机构的《格拉斯—斯蒂格尔法案》。当时，政府监督管理机构似乎未能把握降低金融机构间的"防火墙"的后果，不论是风险蔓延，还是利益冲突。

细想一下美国近期金融合并的一些数据。就在 1990 年，最大的 10 家金融公司持有的美国金融资产约占 10%。如今，占比高达近 80%。1991 年在美国排名前 15 的金融机构，都已被幸存的公司兼并，失去了独立性，只有 5 家例外。至于投资银行公司，则只有两家规模相当的公司——高盛和摩根士丹利保持了其独立性。而在 2008 年秋季市场混乱之际，这两家公司也急着获取美联储的庇护，调整结构，回归传统银行控股公司。失去独立性的公司（有些公司名称已不复存在）的名单长得惊人：胡顿公司（E. F. Hutton）、基德尔·皮博迪公司（Kidder Peabody）、潘恩·韦伯公司（Paine Webber）、添惠证券投资公司（Dean Witter Reynolds）、美林公司（Merrill Lynch）、所罗门兄

弟公司（Salomon Brothers）、第一波士顿公司（First Boston）、希尔森
—雷曼公司（Shearson Lehman）、德崇证券公司（Drexel Burnham）、
贝奇公司（Bache & Co.）、贝尔斯登公司（Bear Stearns）等。

如今，大型金融集团都在进行多元化经营，在这种情况下，若是
把它们归类为传统公司，如商业银行、保险公司或投资银行都会使人
产生误解。很多金融集团在控股公司内提供存款业务，还有一大部分
金融集团活跃在美国及海外各项活动业务，如投资银行业务、证券交
易、自营交易、保险、货币市场和货币管理。

在我的前一本书中，我试图提供一个更宽阔（但尚不完整）的视
角，根据2007年的数据，来看15家最大的金融集团的市场参与程度。
我把它们已说明的资产、表外担保或承诺、估计其承销的衍生品总额
和代管资产都加到一起，总数为243万亿美元。当然，这不包括全部
负债，只是对其市场参与程度的粗略判断。想到这15家顶级金融机构
之前的资产总额才8370亿美元，它们对金融市场的影响，不论是哪个
方面的影响都巨大无比。

鉴于以上考虑及我们从近年的艰难困苦中所学到的，关于大型金
融机构的几点结论似乎不容否认。

第一，它们并非我们金融系统的顶梁柱。可以说，如果联邦政府
没有直接或间接地为主要市场提供巨额资金支持，大型金融机构都会
破产，甚至运营良好的一些金融机构也可能因其与经营状况欠佳的金
融机构之间的相互联系而被拖垮。大型金融机构的倒闭必然会导致严
重的经济萧条。

第二，凭借创造力和影响力，顶级公司不断推动信用创造。这些
公司的管理团队规模庞大且技巧熟练，处于证券化的前列，推动衍生
品、信用违约互换、住房抵押贷款支持证券及其他奇异工具市场发展，
使其达到了空前的规模，风险等级也随之提高。在推广定量风险分析

技术方面，它们也发挥了核心作用。定量风险分析技术不能控制风险，但会鼓励冒险，导致债务过重。

第三，顶级金融集团在将流动性的概念从资产负债表中的资产方转变为负债方的过程中发挥了重要作用。多年前，企业的流动性是指流动资产的规模、应收款项、存货周转率以及这些资产与总负债的关系。对于家庭而言，流动性主要是指为应对突发事件而持有至到期的资产。然而，在近几十年，流动性越来越偏向指代信用能力。大型金融集团在这一转变中起到了重要作用。他们大肆推广信用卡、宣传大量新型自由抵押贷款融资技术，把诸多风险企业和家庭资产组建为附属资产或者或将其证券化。

第四，机构规模庞大的同时，违规违纪频频发生。英国无党派CCP研究基金会（CCP Research Foundation）指出，自2010年以来的5年间，在全球领先的贷款公司中，仅仅16家贷款公司与金融不法行为相关的罚款等就累计超过3亿美元（麦克莱纳汉，2015；麦考密克，2015）。在我看来，这份让人困扰的记录中的大部分记录都是由金融集团自身的利益冲突造成的，它们过于频繁地进行双向交易，给客户提供咨询服务的同时还提供审计服务。这些行业巨头声称垂直整合不仅能使其提高规模效益，还允许它们通过一站式服务更好地服务客户。没什么证据或者说根本没有证据可以证明前者的正确性，后者可能是对的，但金融市场更为便利的代价则是竞争力下降。

美联储没意识到废除《格拉斯—斯蒂格尔法案》会加速金融集聚，打造出更多"大到不能倒"的金融机构。发人深省的是，在2008年国际金融危机爆发前，美联储官员从未公开承认过，大型金融机构"大到不能倒"。中央银行家们普遍认为市场会惩罚主要金融机构，股东和一些债权人蒙受损失，管理人员被开除。但是，我们付出了代价后才明白市场惩罚还不够；一些机构"大到不能倒"，而且到那时候，它们已经堆积了过多的公共债务，严重削弱了信用结构。

这并不是说市场没有发挥作用，也不是说只有市场发挥了作用。挑战在于要在利益驱使和受托责任之间取得一个平衡。就其本质而言，在我们的金融系统中承担受托角色的重担主要落在政府的肩上。金融机构会一直在冒险，当它们的创新有利可图，其竞争对手就会相继模仿；大部分金融创新都没有版权或者专利。因此，各家公司往往会使用新型交易技术，通过加杠杆的方式来谋取利润，通过并购和开展多元化经营来实现增长。所以政府的职责就是为金融行为设立稳健的规则。

近期事件告诉我们，金融集团很难有效管理。此外，金融合并会持续损害金融市场竞争。领先的金融集团在主要市场中已经占据了巨大份额。它们同时深深扎根于各个市场角落，以交易商和承销商的身份作为卖方，以机构投资方和投资组合管理方的身份作为买方，以金融顾问的身份同时担任买方和卖方。

参与自营交易的多元化金融公司充斥着利益冲突。在这项常见的高杠杆活动中，它们从大量客户活动中获得信息资讯，还有其他市场参与者无权获悉的深层信息。这是一种内部信息。此外，很多金融控股公司都设有存款机构，开展自营交易时，它们便从其与存款业务的关系中受益。再说，近期的金融危机揭露了金融系统中的裂缝。

金融集聚加剧的话，会严重阻碍证券流通。随着做市商、交易商和承销商数量的减少，融资成本会增加，在市场上交易的证券的价差会扩大。

金融集聚会造成的另一个严重后果就是引起市场波动。金融集聚越严重，金融资产价格波动幅度就越大。如果市场缺乏多元性，市场价格就会剧烈波动。正如最近几年注意到的情况一样，这种现象会波及全球。金融集团的影响力已经足以辐射全球。无数次的交易使它们相互关联。市场观点能够光速传播。如果参与主要金融市场的人越来越少，价格波动会愈发剧烈。反之，即使是信誉最好的债务给出了最合理的报价，也会遭到质疑。金融寡头会削弱市场操作。金融机构的数量越来越少，没有做市商和投资的话，如果一个投资集团要清算，那会怎么样？它能卖给谁？

　　然而，最重要的是，金融合并的另一个破坏性影响是会把政治经济推离经济民主（不论经济民主有什么缺陷）。2008 年国际金融危机表明，在一个金融过度集聚的经济体中，政府仍是分配信贷的有力推手。

9 会见玛格丽特·撒切尔首相

在需要关注多项事务时，美国总统和各国国家元首往往会把经济事务搁置一旁。托辞往往是要关注外交、战争、各类丑闻。此外，很多国家元首也不重视经济方面的建议。赫伯特·胡佛（Herbert Hoover）总统自诩为经济学家，时常傲慢拒谏，不听从权威经济专家的建议和劝告。罗纳德·里根（Ronald Reagan）总统对自己供给侧理论知识满怀信心，竟想撤销白宫经济顾问委员会（Council of Economic Advisers），而且他也很少与财政部部长唐纳德·里根（Donald Regan）交换意见。

我曾见过多位美国总统：LBJ（林登·贝恩斯·约翰逊）、尼克松、福特、卡特、里根和克林顿①，也曾与两国元首进行过有价值有意义的长谈：以色列总理西蒙·佩雷斯（Shimon Peres）和英国首相玛格丽特·撒切尔（Margaret Thatcher）。佩雷斯出生在波兰，是商贾之子，他的爷爷是拉比（犹太教经师）。11 岁那年，佩雷斯跟着家人搬到了巴勒斯坦特拉维夫；两年后，他协助成立了一个基布兹。20 岁出头，他在政界就已非常活跃，后因在内盖夫军事区寻找犹太人未来定居点而身陷囹圄。1952 年，佩雷斯出任国防部办公厅副主任，随后升为主任（1953—1959 年），并在 1956 年第二次中东战争（Suez Crisis，

---

① 我从未加入过美国民主党或共和党。不过，参议员比尔·布莱德利（Bill Bradley，D – NJ）争夺 2000 年总统候选人提名时，我曾积极支持过他。

65

又称苏伊士运河战争、苏伊士运河危机）中扮演了至关重要的角色。1959—2007 年，他几乎全在为以色列议会（Knesset）工作：两度出任以色列总理（分别是 1984 年 9 月至 1986 年 10 月和 1995 年 11 月至 1996 年 6 月），担任过临时总理（1977 年 4 月至 6 月），也当过以色列总统（2007 年 7 月至 2014 年 7 月），还担任过外交部部长、国防部部长、交通部部长、财政部部长。

1986 年的夏天，我的朋友特拉维夫大学前校长海姆·本·沙哈尔（Haim Ben Shahar）安排我们、我的妻子伊莱恩去佩雷斯总理在耶路撒冷的官邸拜访他。拜访时间就在安息日过后的周日，我们一起聊了好几个小时。我们谈论了经济和金融，但是谈论的内容远不止经济和金融。在见面前，我就已知道佩雷斯总理已经写了好几本书，所以对于他的涉猎范围之广，我本不应该觉得吃惊。他一生一共写了 11 本书，涵盖历史、政治、传记等。不过，他的博闻广识还是令人十分惊叹的。

从事政府债券交易的伦敦格林威尔事务所（Greenwell & Company）的资深合伙人戈登·帕博（Gordon Pepper）安排了我面见英国首相玛格丽特·撒切尔。戈登·帕博非常了解英国货币状况和财政状况。他有一次与首相会面时，提到了我的名字，撒切尔夫人表示有兴趣见见我。因此，在她上任初期，戈登和我到了唐宁街 10 号，与首相进行私人会面。

我知道，撒切尔女士晋升英国政治巅峰之路旷古烁今。她的父亲在英格兰西南部林肯郡格兰瑟姆经营一家杂货店，是一名虔诚的卫斯理宗（又称"遁道宗"）信徒。1947 年，聪明伶俐的玛格丽特·罗伯茨获得了化学学士学位。1944 年，弗里德里希·冯·哈耶克（Friedrich von Hayek）出版了《通往奴役之路》（*The Road to Serfdom*），1946 年再版，撒切尔读后深受影响。她曾担任牛津大学保守党协会主席；1959 年，她成为芬奇利选区的议会成员；1975 年，她成了保守党党魁，成为在现代英国政界拥有最高职位的女性。四年后，她当选英国首相。

撒切尔首相就职之初，英国内外交困。她就职前的那个冬天，英国出现了一连串的大罢工，史称"不满足的冬天"（"Winter of Discontent"）。总体而言，英国时不时陷入经济衰退，通货膨胀率连续多年高达两位数，整个社会深受其扰（1976 年，英国政府不得不低头向 IMF 求援，最终获得 23 亿英镑贷款）。自 1950 年以来，英国制造业劳动力占总体劳动力的比例从将近 50% 下降到 30%。"撒切尔主义"与大西洋彼岸的"里根主义"颇为相似，不仅竭力削弱国家监管力度、打击工会势力，而且更加重视货币政策。撒切尔首相通过提高利率来遏制通货膨胀，并将大部分国有企业私有化。一时间，英国的失业率极速飙升，撒切尔的支持率极速暴跌。但是这位铁娘子立场坚定，岿然不动。此后，她两次蝉联英国首相，直到 1990 年才辞任。

我们见面时，撒切尔首相瞬间就吸引了我。她聚精会神、头脑灵活，专注谈话，一刻都不曾偏离她想与我探讨的两个主题：一是控制货币供应量，以期实现经济稳定增长，二是发行通胀挂钩政府债券的必要性。

撒切尔首相是坚定的货币主义者。我们见面时，货币的定义在英美两国都已经扩充了，从狭义上说，货币是指银行的活期存款和流通中的货币；定义扩充后，货币还包括很多其他元素。英国看重的是 M_3，包括债券、流通中的现金和英国居民在私营机构和公共部门的储蓄存款。因为撒切尔首相支持废除对银行放贷的限制（所谓的"紧身内衣"），她希望能采用正确的货币供应量标准，能够按照由市场决定的进程来促进有效信贷分配。

此外，她还十分关注货币供应量调整对英国国际金融地位的影响。

她对此有浓厚的兴趣，也有一定程度的了解。我（如果曾看到过）很少在其他国家元首身上看到有像她这么浓厚的兴趣和深刻的认识。读她的回忆录《唐宁街岁月》（*The Downing Street Years*）时，我再次感受到了她对货币政策的热衷之情与专业水准。在以下选段中，撒切尔首相谈论了货币政策和国际贸易：

一个国家要么选择将汇率稳定在一定的水平（不论需要实施什么样的货币政策来维持汇率）；要么设定货币方面的目标，让市场力量来决定汇率。因此，既要控制汇率，又要控制货币政策，是完全不可能的。

不过，从根本上说，自由浮动汇率受货币政策的影响。原因很简单：如果往市场中投入更多英镑，那英镑往往会贬值，就好比草莓供应过剩会导致其价格下跌。所以，英镑贬值可能意味着货币政策太过宽松。

但也不一定。除了货币供应量外，自由浮动汇率还受到很多因素的影响。其中，最重要的因素便是国际资本流动。如果一个国家实行税收改革、监管改革和工会改革，因而本国资本报酬率远超其他国家，那就会有净资本流入，市场对该国货币的需求就会大幅增加。如果这个国家实行的是自由浮动汇率制度，那该国货币会增值。但这并不意味着货币紧缩：实际上，1987—1988 年年中英镑汇率较高，很可能是因为英国采取了大幅扩张货币的手段（撒切尔，1993）。

可惜的是，很难想象哪位美国总统也能这样谈论经济——有素养、善思辨、思路清晰。

我对撒切尔首相解释道，有效实现货币供应目标的方法目前尚不存在。的确，1979 年 10 月，保罗·沃尔克突然转向了货币主义，但这只是休克疗法，并非长期战略。我继续说，信贷市场出现了太多的结构性转变，所以要明确货币供应量越来越难。在我看来，金融市场正逐渐发展成一个"货币有关系，但重要的是信贷"的体制。金融创新层出不穷，正在扩大市场，正不断地甩开政府控制。后来人们才恍然大悟，证券化席卷了抵押贷款市场。新型信用工具（特别是衍生品）也在扩张信用的范围。计算机的应用使经济和信用数据的使用更加频繁密集，大大促进了交易活动，似乎降低了风险，这一切也推动了信用扩张。

我告诉撒切尔首相，在这个金融新世界中，流动性的概念正快速变化着，实现货币供应目标的方法也随之不断变化。流动性原先是一个基于资产方的概念，指投资组合中的现金和短期证券（对企业而言，还包括应收账款的流动性）。如今，流动性的概念侧重于资产负债表中的负债方，对企业和一些金融机构而言更是如此。目前，人们认为流动性的主要来源是贷款，而不是资产。对于个人而言，也是日渐如此。人们越来越依赖各种类型的信用额度和房屋净值贷款，将其视为潜在资金来源。

我继续说，有效实现货币供应目标的另一个障碍是金融市场迅速全球化，伦敦在这一进程中也起了重要作用。虽然紧缩货币供应可有效限制局限于国内信贷市场的市场参与者，但这几乎不会影响那些可以进入国际信贷市场的人。当时，欧元市场的飞速发展就是一个典型案例。

回想起来，我本该再补充一点：要想实现货币供应目标，就需要一个极其多元的机构结构——一个不由大型金融机构主导的结构。在那种体系中，运行良好的公司会兴旺发达，而运行不好的公司则会倒闭。反之，在一个由"大到不能倒"的机构主导的高度集聚的结构中，就算小一些的机构承担的风险比金融巨头少，也只允许小一些的机构倒闭。中央银行不可能既扮演信用的守护者，同时又将这些机构置于保护伞之下。

谈及发行通胀挂钩政府债券时，我发现撒切尔首相此前已多次与她的亲密顾问交流过这一话题，她倾向于发行通胀挂钩政府债券。在此，她又一次展现了精妙的推理能力。她指出，首先，通胀挂钩债券会把投资者面临的通胀风险转移给政府。根据她的推理，这种做法是可取的，因为政府能更好地承担通胀负担。前提是税费按照与通货膨胀率同时增长的名义收入缴纳。

撒切尔首相之所以关注通胀挂钩债券还因为这种债券可能会降低利率成本，以此减轻纳税人为政府融资的负担。很多学院派经济学家之所以也关注通胀挂钩债券是因为这种债券的价格波动能可靠预示通胀预期。市场参与者和政策制定者都会发现这确实有用。

虽然撒切尔首相推理精妙，但我当时并不支持发行通胀挂钩政府债券的想法，我现在也不支持。一个社会面对通货膨胀时，最具有威慑力的是经历物价飞涨的痛苦，并牢记这种痛苦。讽刺的是，将债券或工资，或其他物价与通货膨胀率挂钩会导致通货膨胀飙升至一个不可接受的水平。此外，与私营领域相比，政府发行通胀挂钩债券的能力更强大，所以政府面临的返贫风险（大额赤字）恰好是撒切尔首相竭力避免的。

不过，我的这些观点未被广泛接受。1981 年，英国成了第一个发行通胀挂钩债券的发达经济体。1997 年，美国效仿发行了通货膨胀保值债券（Treasury Inflation – Protected Securities，TIPS）。加拿大、瑞典、法国和意大利等国纷纷效仿。但是通胀挂钩债券从未成为政府债务的主要来源。在英国，通胀挂钩债券现在只占未偿还债务的一小部分。这种债券似乎也不能可靠预示通胀预期。

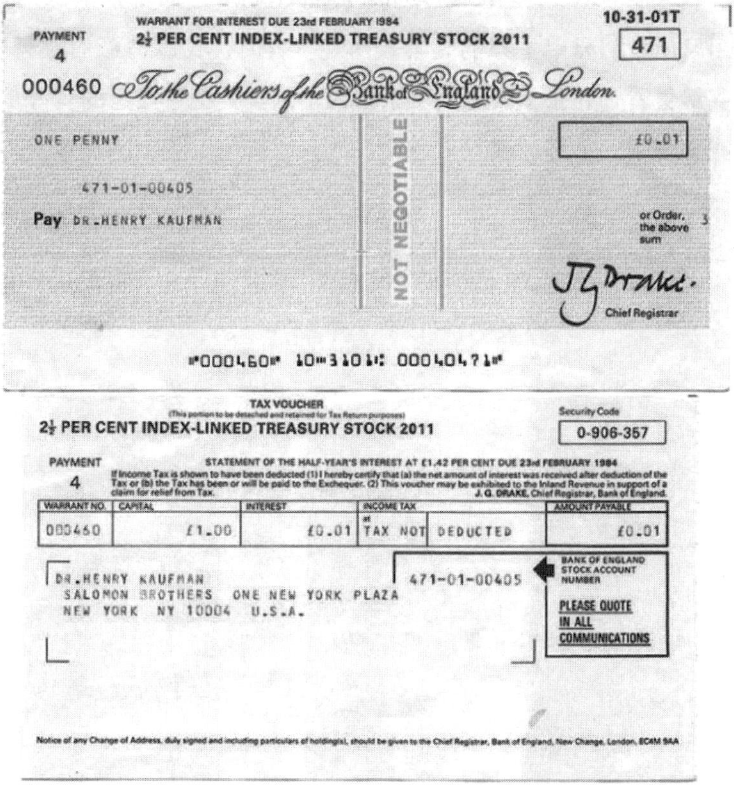

PAYMENT 4

WARRANT FOR INTEREST DUE 23rd FEBRUARY 1984

2½ PER CENT INDEX-LINKED TREASURY STOCK 2011

10-31-01T

471

000460 To the Cashiers of the Bank of England London.

ONE PENNY

471-01-00405

Pay DR.HENRY KAUFMAN

NOT NEGOTIABLE

£0.01

or Order, the above sum

J G Drake.

Chief Registrar

⑈000460⑈ 10⑆3101⑆ 00040471⑈

TAX VOUCHER

(This portion to be detached and retained for Tax Return purposes)

2½ PER CENT INDEX-LINKED TREASURY STOCK 2011

Security Code

0-906-357

PAYMENT 4

STATEMENT OF THE HALF-YEAR'S INTEREST AT £1.42 PER CENT DUE 23rd FEBRUARY 1984

If Income Tax is shown to have been deducted (1) I hereby certify that (a) the net amount of interest was received after deduction of the Tax or (b) the Tax has been or will be paid to the Exchequer. (2) This voucher may be exhibited to the Inland Revenue in support of a claim for relief from Tax.

J. G. DRAKE, Chief Registrar, Bank of England.

WARRANT NO.	CAPITAL	INTEREST	INCOME TAX at		AMOUNT PAYABLE
000460	£1.00	£0.01	TAX NOT	DEDUCTED	£0.01

DR.HENRY KAUFMAN
SALOMON BROTHERS ONE NEW YORK PLAZA
NEW YORK NY 10004 U.S.A.

471-01-00405

BANK OF ENGLAND STOCK ACCOUNT NUMBER

PLEASE QUOTE IN ALL COMMUNICATIONS

Notice of any Change of Address, duly signed and including particulars of holding(s), should be given to the Chief Registrar, Bank of England, New Change, London, EC4M 9AA

图 9.1　英格兰银行通胀挂钩债券利息 1 便士支票

我与撒切尔首相的会面还有“续集”。戈登·帕博（Gordon Pepper）是撒切尔首相的一位顾问，他大力支持发行通胀挂钩债券。他似乎已经尝到了债券保值的甜头。出人意料的是，他以我的名义购买了价值 1 英镑的通胀挂钩债券，英格兰银行（Bank of England）已经开始定期计息：1 便士！我能到哪儿去兑现这样的支票呢？就算债权方是英格兰银行，也没有银行会把时间和精力浪费在这等小事上。所以，我决定找最高层。在国际货币基金组织与世界银行（IMF – World Bank）于华盛顿召开的一次年会上，我逮到了机会。英格兰银行行长戈登·利·彭伯顿（Gordon Leigh – Pemberton）出席此次会议。我邀请他出席所罗门兄弟举办的晚宴。当晚发言时，我邀请彭伯顿行长上台，我给他看了几张 1 便士的支票。为了维护英格兰银行的良好信誉，他给我兑现了。最终，我只得承诺我放弃那价值 1 英镑的债券。

10　迈克尔·米尔肯："垃圾债券大王"

迈克尔·米尔肯是 20 世纪末期债券市场上的核心人物，他偶然发现了蛰伏已久的垃圾债券市场，并将其打造成信贷市场中最受欢迎的产品。在这个过程中，他说服了很多债券市场参与者去接受更高的风险。他通过德崇证券公司打包并销售债务工具，推动了一波杠杆收购的浪潮，协助完成了一些企业收购，包括科尔伯格·克拉维斯·罗伯茨公司（Kohlberg Kravis Roberts，"KKR 集团"）在 20 世纪 80 年代末期完成的多起大型交易。KKR 发现，只要手上有德崇证券的"有高度信心"的信——信中，米尔肯保证为收购该项目包销债券——就等于有了谈判桌上讨价还价的筹码，而且是十分有力的筹码。很多中小企业和靠谱的机构投资者也选择了米尔肯的低等级债券。在被告入狱之前，米尔肯和德崇证券就已经获利数十亿美元。

我个人并不认识迈克·米尔肯，但我非常清楚他 20 世纪 80 年代在债券市场的所作所为。虽然我只跟他有过一次交集，只说过一次话，但是却非常关键。

1988 年，我离开了所罗门兄弟，在纽约创立了自己的投资管理公司——亨利·考夫曼公司。开业第一年，一个朋友建议我找崇德证券公司来管理一只价值 5 亿美元的优质封闭式企业债券基金。崇德证券愿意承销这只基金，并将其投入市场。我很清楚，这笔交易能帮德崇证券树立良好的做市交易信誉，包括各类债券，而不仅仅是劣等债券。众所周知，我的市场观点极为保守。因此，在应对金融监管机构越来越频繁的监督检查时，能与我有所关联对德崇证券大有裨益。对我而言，如果这只基金顺利上市，就能够连续多年为公司创造 300 万美元的收益。

米尔肯是土生土长的加州人，他于 1968 年以最高荣誉毕业于加州大学伯克利分校，随后到宾夕法尼亚大学沃顿商学院深造，获得 MBA 学位。在伯克利分校就读时，他偶然读到了前克利夫兰联邦储备银行行长（Federal Reserve Bank of Cleveland）W. 布拉多克·希克曼（W. Braddock Hickman）的《公司债券质量与投资者经验》（*Corporate Bond Quality and Investor Experience*）。希克曼在书中的大量分析见解独到，给米尔肯带来了深刻的影响，成了他职业生涯初期的核心指导。希克曼表示，金融市场和信用评级机构往往低估了劣等债券。即使考虑到完全违约造成的损失，就总体回报率而言，一些"垃圾"债券也是便宜好货。换句话说，希克曼认为垃圾债券被低估、定价过低。这就是米尔肯从垃圾债券市场套利的契机。

当然，高收益债券市场并不是米尔肯发明的。希克曼指出，这些债券算不上新型债券。近在 20 世纪 70 年代，LTV 公司（原译林—特姆科—沃特公司）、泛美航空（Pan Am）、萨帕塔公司（Zapata Corporation）、富卡工业公司（Fuqua Industries）等知名企业都发行过劣等债券。不过，是米尔肯的提议促使了众多投资者购买垃圾债券，保险公司、养老基金公司、共同基金公司、储蓄贷款协会等才接受了这类债券。与此同时，米尔肯担任高级职位的德崇证券公司承销垃圾债券。德崇证券为这些垃圾债券创造了一个二级市场，借此为垃圾债券投资者提供流动性。

1978 年，米尔肯说服了德崇证券在洛杉矶开设了办事处，他的垃圾债券承销业务随即大受欢迎。20 世纪 80 年代，投资过热，敌意收购、杠杆收购以及其他企业控制权争夺方式非常多见。米尔肯为企业狙击手（敌意收购者）和其他人提供了一种能在短期内筹得巨额资本的方式。20 世纪 80 年代末是他获利最多的时候，他一年的交易佣金总收入就将近 5 亿美元，创下了行业纪录。

一位与米尔肯合作过的人透露，美国证券交易委员会（SEC）调查人员在米尔肯从业初期就已经开始怀疑这位后起之秀了。直到 1987年，进行内幕交易的伊凡·博斯基（Ivan Boesky）控告了米尔肯，扭转了米尔肯的局势。为了减少自己所面临的指控，博斯基同意通过携带窃听器等途径与监管机构合作。他指名参与内幕交易、违反其他证券交易规定的人中就有迈克尔·米尔肯。调查进行了两年案情才水落石出。时任纽约南区联邦检察官（US Attorney for the Southern District of New York）鲁道夫·朱利安尼（Rudolph Giuliani，后来出任纽约市市长）参与了此次调查。部分原因是为了树立其严厉的检察官形象，为自己的政治前途铺路。朱利安尼利用 RICO 采取了特殊程序来对付米尔肯、德崇证券公司和其他涉嫌华尔街内幕交易的人员，他宣称他们的交易网络相互链接，实属诈骗。RICO 全称为《反勒索及受贿组织法》（*Racketeering Influenced and Corrupt Organizations Act*），是打击有组织犯罪的有力武器。

1988 年，在我即将签署德崇证券企业债券基金文件时，在我的秘书告诉我迈克尔·米尔肯从西海岸打来电话之时，法庭还没有对米尔肯做出裁决。米尔肯听说交易尚待确定，特邀面谈。我告诉他我已计划飞去日本给日本的金融领袖做演讲，并要会见一些重要客户。米尔肯则建议我中途在加州稍做停留，表示想与我谈谈我们对市场环境和金融行为的不同看法。但我表示难以调整我的行程。最后，他说："亨利，我们要一起做生意了，太棒了！"

一路上，他的话一直都盘踞在我的脑海中，一直困扰着我。毫无疑问，优质企业债券值得投资，风险当然也合乎情理。但是要把我和米尔肯联系在一起——"一起做生意"，我十分担忧。从日本回来后，我不顾多位亲密同事的建议（平时，我非常重视他们的建议），即刻取消了这次要约。

据估计，1970 年，即米尔肯进德崇证券公司工作当年，垃圾债券总市值仅为 60 亿美元；1989 年，他离开德崇证券公司时，垃圾债券总市值高达 2100 亿美元。虽然自那以来，垃圾债券市场时有不顺，但仍保持急剧增长：货币政策放松时，垃圾债券市场规模不断扩大；信用紧缩时，市场规模勉强维持。1988 年，只有 12% 的未清偿企业债券低于投资级；到了 2014 年年末，这一数值已攀升至 23%。此外，垃圾债券市场是未清偿企业债券市场中膨胀得最快的市场。

当然，政府也推动了垃圾债券市场的极速膨胀，其中一个政府举措允许储蓄贷款协会投资垃圾债券（储蓄贷款协会原来的投资业务主要局限于为住房抵押贷款进行融资）。对于 S&L 投资组合管理公司而言，乍一看，这个允许投资自由化的决定有着非常大的吸引力。垃圾债券的收益率一般比抵押贷款债务的收益率高。此外，垃圾债券在交易成本和支付债务利息方面也更有优势（实际上，垃圾债券不需要支付债务利息）。乍看之下，二级市场提供的流动性降低了垃圾债券的信用风险；垃圾债券的"卖方"分析往往也能让投资者觉得宽慰。

最终，米尔肯对几条证券和税收违法行为认罪，如未披露股票持有者的真实名称，但均与普遍认为的内幕交易无关。米尔肯被判处 10 年监禁，但他只服刑 22 个月就被提前释放了。他战胜了前列腺癌症，而后成了前列腺癌研究的主要赞助人；他还在圣莫妮卡成立了一个经济智库——米尔肯研究所（Milken Institute）。

迈克·米尔肯对金融市场的影响被低估了。他鼓励市场参与者要更加大胆创新，鼓励借款人和投资者承担更多的风险。他的影响贯穿多个金融周期，包括 2008 年国际金融危机。当然，信贷结构越来越脆弱，使美联储的风险评估更为复杂，迫使美联储发挥更大作用，充当最后贷款人。

除了与米尔肯的交锋外，20世纪70年代和80年代，垃圾债券市场的重要性日益凸显，对此，我越来越担心。多位所罗门兄弟合伙人均渴望强势进入垃圾债券市场，我明确反对这项战略。我担心强势进入垃圾债券市场会损害公司声誉，而且我此前已经发现，所罗门涉足劣等债券时往往没有展开充分的尽职调查。这样，公司承担的风险就会过多，再加上其他的问题，我最终在1988年决定离开所罗门公司。没过几年，公司就因提交虚假国库券竞标信息被处以2.9亿美元罚款，后被旅行者集团（Travelers Group）并购。

11 金融危机与监管改革

在美国，往往是先出现危机，才会实施有重大意义的金融改革。这种情况实属不幸，其中有很多原因。这意味着美国的监管体系是在极端情况下而非正常情况下被定义和重新定义的。这意味着与其说金融监管是主动的，不如说金融监管是被动的。这也意味着在解决问题之前，我们必然会经历金融市场失灵——金融过度现象。在危机爆发很久前，金融过度现象往往就已经被辨别出来了，而且这种现象确实存在。

很多人认为金融周期和经济周期是资本主义一个不容忽视的特征（其实，社会主义也有周期，不过成因不同：中央政府资源分配不当、常见的外生变量如能源价格、天气、战争等）。那在市场经济中，除了周期特征外，危机是不是也在所难免？卡尔·马克思（Karl Marx）、海曼·明斯基（Hyman Minsky）等很多理论工作者都认为如此。当然，马克思坚信资本主义恣意剥削工人，会导致革命和社会主义，因此会自行毁灭。现代经济学家明斯基认为，经济长时期稳定会孕育过分乐观的种子，导致投资过热、信贷放宽，最终导致过度投机，就会出现拐点（现代有些人所说的"明斯基时刻"），爆发经济下行恐慌。我在诸多场合见过明斯基，万分荣幸。20 年前，他去世之时，他的著作还未得到充分重视。

美国的历史记录表明，事实上，自美国建国以来，每一代美国人都经历过大型金融危机。在 19 世纪，1819 年、1837 年、1857 年、

1873 年、1893 年均发生过金融危机。在 20 世纪的 1907 年、1929 年、
1966 年、1970 年、1987 年和 21 世纪的 2000 年、2008 年，均爆发过
金融危机。其中两场最为严重的金融危机（1929 年金融危机和 2008
年金融危机）推动了 20 世纪最为重要的两轮金融改革：20 世纪 30 年
代的新政银行业和证券业立法、2010 年的《多德—弗兰克华尔街改革
与消费者权益保护法》。这两次大规模的金融监管改革都是由危机推
动的，这并非一种巧合。

简单回顾一下这两轮金融监管改革——改革目的、政策、结果，
发现金融改革聚焦的都是老问题：第一，金融集聚；第二，信贷滥用；
第三，受托责任；第四，稳定性；第五，比金融政策来得快的结构性
转变。这些问题我们都还没有完全理解。在危机过热时，想要通过政
治过程来完全理解是有难度的。与此同时，就像政治过程一样，我们
的货币监管机构往往只会在问题出现时才会做出回应。

从一开始，华尔街在美国文化中就备受争议。几十年来，大宗商
品和证券交易商只能在街角或咖啡店进行交易；不过，他们最终跻身
如今的曼哈顿下城。大部分美国人，都不相信证券交易商，尤其是在
19 世纪占最大人口比重的美国农民。他们把证券交易商看作“寄生
虫”，因为在他们的眼里，证券交易商从交易中赚钱，而非通过实实
在在的劳动来赚钱。当时，几乎没人理解，发展中的经济体需要运作
良好的金融服务来调动资本。

19 世纪，美国的金融系统离“真正的系统”还差十万八千里。美
国第一银行和美国第二银行，即最初的中央银行总共也才运作了 40 年
（分别是 1791—1811 年和 1816—1836 年）。各个银行可以随意印制货
币，上千家银行也确确实实在印钱，而无须持有国家颁发的许可证。
最终，美国充斥着大量流动性，大部分质量不可靠。经济体继续保持
强劲增长，不过，银行破产、造假、金融诈骗比比皆是。

　　20 世纪初期，一些州通过了"蓝天法案"，采取措施来应对最严重的权力滥用情况。"蓝天法案"的措施包括要求进行证券登记，证券交易商必须持证经营，上市公司必须公开财务报表等。同时，一些州也开始在不同类型的金融机构之间设置"防火墙"。1905 年，纽约州在经历广泛报道的保险业丑闻后率先设置了"防火墙"。纽约州禁止人寿保险公司进行担保信托债券和企业债券投资、禁止人寿保险公司承销证券。接下来的 3 年内，共有 17 个州制定了相似法律。

　　这些举措加大了透明度，但是在这段时期，各种问题日益突出：稳定性、受托责任和结构性转变和最为严重的金融集聚问题。当时处于金融资本主义时期，J. P. 摩根和其他华尔街投资机构正在调用巨额资本为铁路和工业企业提供资金。在此期间，断断续续出现过一些改革举措。但是，大规模危机不爆发的话，就不可能出现大规模改革。

　　1912 年年末及 1913 年年初，众议院银行和货币委员会听证会（House Committee on Banking and Currency Hearings）在国内开展了一系列所谓的"货币托拉斯"调查，调查以路易斯安那州民主党员阿尔塞纳·普约（Arsène Pujo）命名。普约的调查结果出人意料，揭露了金融集聚的程度及其影响。举个例子，三大金融机构——J. P. 摩根、纽约第一国民银行、纽约国家城市银行，再加上两家它们控制的信托公司（担保信托公司和信孚银行）构成了投资银行业内一个强大的"内部集团"。下属委员会的主要调查报告指出，这几家金融巨头不仅仅控制了投资银行业，也控制了大部分经济。它们直接进入它们出资的公司的董事会，持有存款，持有信托公司和保险公司等金融机构和铁路公司与制造型企业等非金融机构的大部分股份。调查人员记录了180 位来自"内部集团"的管理人员和银行行长进入市值高达 250 亿美元的 341 家金融及非金融机构的董事会。调查人员总结道，"这最终导致金融集聚程度急速加剧，货币和信贷掌握在少数人的手中。"

虽然该委员会未能证实任何形式的阴谋，也没能证实投资银行业未能满足资金需求、促进经济繁荣，但是立法委员建议实施全面改革，包括国家重组创建公司、实行联邦监管、禁止跨州公司指定独家财政代理，甚至禁止跨州公司将资金存到私人银行。为了分离不同类型的金融机构，委员会提议禁止国有银行从事证券业务活动、禁止国有银行高级职员和董事加入辛迪加和托拉斯。此外，还有很多其他规定，总共有 20 多条。

但是，国会却回避不前。美国立法者对委员会揭露的事实真相表示惊讶，但是他们还没准备好要大肆将联邦权力拓展到私营领域、银行业或其他领域。1913 年 4 月 7 日，国会投票否决了委员会的提议。唯恐政府会侵占这些企业，很多立法者（尤其是共和党）反对委员会的提议。当时，如同现在一样，若是没有爆发大规模危机，单是普遍的金融集聚还不足以引发一场有意义的改革。

即便如此，普约委员会的工作还是给随后不久便颁布的两大经济措施带来了极大影响：《联邦储备法》（*Federal Reserve Act*）（1913 年12 月 23 日）和《克莱顿反托拉斯法》（*Clayton Antitrust Act*）（1914 年10 月 15 日）。联邦储备系统设置 12 个区域银行的其中一个主要原因就是为了削弱东北部银行的相对权力。不仅如此，将公私合营融入政府治理中能让其比前身美国银行拥有更大的公共权力，旨在审查私营领域的利益。《克莱顿反托拉斯法》禁止大型银行、公用事业公司和信托公司的管理人员互兼董事，禁止企业将股票放在为了大大削弱竞争而收购的其他企业中。

1929 年，股市大崩盘和大萧条初期就是一场足够严重的危机，足以推动重大改革。虽然现在经济历史学家认为导致大萧条的主因是死守金本位制。但是，20 世纪 30 年代初期，专家和外行都在责怪华尔街。罗斯福政府进行经济改革前夕，美国银行业几乎未受监管、四分五裂、一片混乱。存款保险实施范围小，而且杂乱无章。各个机构可自行选择是否成为联邦储备系统成员。同一家机构不仅开展商业银行业务，也开展投资银行业务。同时，因为各种各样的问题，证券交易已经被谴责了数十年：过度投机、权力集聚、（金融机构和客户公司之间的）利益冲突、诈骗、缺乏公开披露。银行和证券监管混乱不堪。总的来说，各州蓝天法案缺乏有效执行力度。这些哀婉之声存在已久，但是 20 世纪 30 年代初期的大萧条和佩科拉听证会（Pecora Hearings）赋予了其新的紧迫感。

罗斯福政府执政的前 18 个月内就颁布了三大银行和证券法案（必须指出，其中有些法案与总统的意愿相悖）。新政银行业改革的核心是《1933 年银行法》（Banking Act of 1933），又称《格拉斯—斯蒂格尔法案》。该法案包括一系列旨在减少或消除利益冲突的规定。《1933 年银行法》的首要目的就是分离商业银行业务（接受存款和发放贷款）与投资银行业务（发起和分销证券）。该法案不仅禁止各个机构同时从事这两项业务活动，也禁止各个机构的管理人员互兼董事。

商业银行很快就取消了投资银行业务，而大部分投资银行则继续开展投资银行业务。《格拉斯—斯蒂格尔法案》的另一项重要规定就是存款保险。新成立的联邦存款保险公司（Federal Deposit Insurance Corporation，FDIC）是一家独立运营的政府企业。成员银行必须遵守某些准则，而且 FDIC 也有权监管非成员州银行。成立 FDIC 的初衷是为了应对一个迫在眉睫的问题——银行挤兑。FDIC 成立后，银行挤兑现象消失了，大批储户提款现象出现扭转，因为美国人民重拾了对银行的信任，相信把钱存在银行比压在床垫下要好。最初，成立 FDIC 乃权宜之计，但是《1935 年银行法》将其永久化，该法案也将保险额度提高至 5000 美元。

《1933 年银行法》也禁止商业银行给支票账户支付活期存款利息，

规定了定期存款的最高利率。这一规定旨在防止银行在面对价格竞争时承担过大风险。制定这条规定也是因为政府认为，20世纪20年代，有竞争力的利率使存款流出了国家系统，流向了投机证券市场（正如我们日后所见，利率控制是废除《格拉斯—斯蒂格尔法案》的首要原因）。这是联邦政府第一次监管调控商业银行业务。

投资银行业的新口号是披露。政策制定者表示，在大牛市（Great Bull Market）犯下的大部分错误与企业、投资银行和经纪公司有关，它们要么隐瞒它们交易的证券隐含的基本面信息，要么对此不知情或者不感兴趣。一位观察员指出，在鼎盛时期，一些企业甚至已经开始出售肥皂等商品的股票。

难怪《1933年证券法》（*Securities Act*）又被称为《"证券真实"法》（*"Truth‐in‐securities" Act*）。从本质上讲，新法规将蓝天法案联邦化。新证券（不是已发行的证券）必须在联邦贸易委员会（Federal Trade Commission）注册登记。新证券发行机构需公开详细的金融募股章程，需在交易开始前20天注册。若不遵守上述规定，则要受到处罚。

《1933年证券法》的加强版和补充版就是新政前15个月通过的第三大银行和证券法：《1934年证券交易法》（*Securities and Exchange Act*）。根据该法，证券交易委员会（Securities and Exchange Commission，SEC）于当年成立（时至今日，SEC是华尔街的主要金融监管机构）。SEC监管二级市场，包括证券上市交易和上柜交易。所有持有公开交易证券的公司均需发布年报和季度收益表，必须披露主要股东（持股占10%及以上的股东）。SEC也监管卖空等交易，并接管FTC的新证券注册工作。

在新政初期，美国中央银行，成立才20多年，获得了新的力量。在《1933年银行法》的基础之上，《1935年银行法》（*Banking Act of*

1935）拓展了联邦储备银行的权力范围，增强了其灵活度，为其重新命名，进行了重组。中央银行是美国联邦储备委员会（Board of Governors of the Federal Reserve），财政部部长（Secretary of the Treasury）和美国货币监理署署长（Comptroller of the Currency）则不再是其成员。联邦公开市场委员会（Federal Open Market Committee）取代公开市场政策委员会（Open Market Policy Conference）。公开市场政策委员会成立于1930年，由来自各分行的代表组成。联邦公开市场委员会由美联储委员会委员和地区联储主席组成。美联储给成员银行发放贷款的权力加大，拥有更多支持美联储纸币和存款的自由。美联储有权更改储备金要求，规定定期存款的最高利率，监管成员银行。在新的美联储的领导之下，获得许可证、开设一家新银行的难度加大了，因为监管人员认为，银行数量少、质量高对美国更好。

　　这些是一个监管系统的运作能维持半个世纪之久的关键要素。采用这一体制的前几十年，相对而言，美国经济还比较稳定繁荣，在银行任职是一份一本正经的职业，华尔街投资则被看作是有钱人的业余爱好。然而，到了20世纪70年代和80年代，结构性转变和宏观经济力量给银行业和金融业施加了新的压力。停滞性通货膨胀使上百万美国人购置房屋的梦想遥不可及。银行想要开展跨州竞争，（如前所述，花旗银行）想提供可转让定期存单等新产品。美林证券和其他经纪公司向中产阶级宣传推广证券，富达投资集团（Fidelity）及其分支机构则大力推广共同基金投资。渐渐地，金融机构获得了批准，可以销售新产品，可以参与新市场竞争。

　　20世纪80年代中期至90年代初期，储蓄贷款协会陷入危机，拉响了警告警报，但是这声警报还不够大声，还不足以驱动一场重大监管改革。这次危机使全国近千家储蓄机构倒闭（全国共3200家），纳税人的钱蒸发了近1320亿美元。即便如此，专家却认为高通胀才是导致危机爆发的罪魁祸首。高通胀使银行获得借贷的利率远远超过发放贷款的利率。说是高通胀惹的祸也对，但是这种说法忽视了放松金融监管的深远影响，放松金融监管为储蓄贷款协会打开了大门，它们可以为新产品提供更高的收益，允许它们掩盖，继而加剧垃圾债券融资和监管松懈造成的损失。

金融改革的五个历史性目标——金融集聚、信用滥用、受托责任、稳定性和结构性转变在储蓄机构危机中明显存在。但是，放松管制的总趋势在加快，《1999 年格雷姆—里奇—比利雷法》（*Gramm - Leach - Bliley Act of* 1999）（又称《金融服务现代化法（*Financial Services Modernization Act*)》）出台。《1933 年格拉斯—斯蒂格尔法案》禁止多样化经营和利益冲突（"任何证券公司的高级官员、董事和员工均不得兼任任何成员银行的高级官员、董事和员工"），《格雷姆—里奇—比利雷法》废除了这些条款，终结了政府对金融业长达 70 年的监管。

安然丑闻（Enron - era sacadal）（参见第 12 章）导致几十亿美元的亏损，也未能引发大型监管改革。哈佛商学院马尔科姆·S. 索尔特（Malcolm S. Salter）教授对安然事件进行了全面剖析，他认为，与 3 家负责公司运营监管的联邦机构（美国证券交易委员会、联邦能源管理委员会和美国商品期货交易委员会）相比，信用评级机构对安然的崩溃负有更大责任。这种观点真是发人深省。索尔特表示，这三家监管机构在监管职责上面既有重叠，又有漏洞，而且其审查系统薄弱，因此监管受到了限制；而且这三家监管机构的能力往往还不足以对付安然公司野心勃勃、精明狡诈的主管人员。"安然公司的主管人员，"他总结道，"是一帮聪明、有创意、有进取心的人。一个拼拼凑凑的监管体系，由宽容执法的公共监督人员来监管，这样的机构不足以震慑安然公司的主管人员。监管机构之间的沟通效率低，不会花多少时间、也没有多少意愿去审查公共档案，可能最重要的是，它们对安然

的言辞深信不疑。"（索尔特，2008）

至于信用评级机构，国会审查的齿轮开始转了，但是在没有爆发系统性危机的情况下，这些齿轮还是转得太慢了。2002 年的参议院听证会、2003 年、2004 年和 2005 年的众议院听证会都没有促成实质性改革。2008 年，众议院和参议院开始了新一轮的听证会。不过，这一轮听证会的重要程度也赶不上其他更重要的事情。

美国政府负责调查金融危机的官方委员会估计，截至 2011 年，美国家庭的损失高达 11 万亿美元。如果考虑美国以外的损失，2008 年国际金融危机也击中了欧元区，致使全球经济增长放缓，总的经济损失就大得多了，无法估量。国会进行了两年高强度调查协商后，颁布了《多德—弗兰克华尔街改革与消费者保护法》（*Dodd – Frank Wall Street Reform and Consumer Protection Act*），于 2010 年 7 月由奥巴马总统签署生效。从表面上看，《多德—弗兰克法案》的颁布是一个监管里程碑。该法案中的规定显然针对 2008 年国际金融危机，旨在防止金融危机再次爆发，或者说，在金融危机再次爆发时，能够进行更好地管理和控制。换句话说，《多德—弗兰克法案》旨在总结借鉴自大萧条以来最为严重的金融经济危机的教训。

其中一些规定旨在通过更加密切地监管金融市场和金融机构，更加详尽地汇报监管工作以确保更大程度的经济稳定性。一些规定旨在在金融机构破产时管理控制资产有序清算。一些规定集中了监管权力，以避免官方监管中的漏洞和重叠（导致安然事件的那种监管）。一些规定旨在时刻关注对冲基金、信用违约互换、信用衍生品及所谓的"影子银行"体系中的其他主要市场，并进行相关汇报。其中，还包括保护投资者和消费者的新规定、针对信用评级机构的新型监管模式规定。通过改善企业管理、限制主管薪资收入方面的努力，《多德—弗兰克法案》也渗入金融机构。该法案原有 383013 个单词，修订过后字数更多，看似重要非凡。

不足为奇的是，《多德—弗兰克法案》也遭到大量批评。批评声主要来自受到更加认真彻底的审查的机构和反对政府监管的机构，它们处乱不惊，宣称该法案会扼杀企业家精神，削弱美国的竞争力。此前，我讨论过《多德—弗兰克法案》在我眼中的两大缺陷：一是未能有效解决金融集聚问题（第 8 章　"大到不能倒"危机）；二是美联储据此获得的不必要的独立性（第 13 章　美联储政治化）。以下是我的其他担忧。

首先，来看看这项法案的篇幅。《多德—弗兰克法案》既冗长又复杂，难以执行、遵守（做个比较，《独立宣言》（*Declaration of Independence*）全文大约有 1300 个单词；《美国宪法》（*U. S. Constitution*）包括 27 条修正案总共是 7818 个单词；《摩西十诫》（*Ten Commandments*）只有 179 个单词）。《多德—弗兰克法案》的长篇大论要对监管机构和被监管的机构表达的内容是一样的：你要搞清楚，如果出问题，国会拿你是问。这可不是问责或取得成功的方案。这项法案如此复杂，也使其容易遭到各方没完没了的干涉，尤其是反对派的干涉，需要不断地进行细微调整。一些人宣称，资金充裕的华尔街游说会给《多德—弗兰克法案》施加巨大压力，该法案会被"千刀万剐"、批评得"体无完肤"。

为了维护更大程度的金融稳定，《多德—弗兰克法案》授权组建了金融稳定监督委员会（Financial Stability Oversight Council，FSOC），负责识别危及美国金融稳定的各类风险、促进金融市场约束、应对危及美国金融体系稳定的各类新风险。拥有投票权的成员包括财政部部长（同时出任 FSOC 主席）、美联储主席、九个联邦金融监管机构负责人和一个拥有保险专业知识的独立成员。乍看之下，这样设置听上去非常合理。但是，这样一个多元的团队能做出及时高效的决策吗？毕竟除了 FSOC 主席和美联储主席外，其他人服务的对象形形色色。

FSOC 唯一一位负有维护金融稳定的广泛责任的成员是美联储主席。但是，在 FSOC 体系中，他只有一张选票。

我对《多德—弗兰克法案》其中一个组成部分的担忧与新成立的金融研究办公室（Office of Financial Research，OFR）有关。这个办公室是 FSOC 的一个独立附属机构，直接向财政部部长汇报工作。办公室主任由总统任命。目前，这一职务由我以前在所罗门兄弟的同事理查德·伯纳（Richard Berner）担任。金融研究办公室负责监视市场动态、维护金融稳定、评估宏观审慎政策工具、提高数据标准、应对数据差距等。迄今为止，该办公室已经为金融市场运作提供了许多深刻见解。比如说，OFR 的研究《资产管理与金融稳定》（*Asset Management and Financial Stability*）揭露了这一行业高程度集聚以及与之相关的风险。金融研究办公室能否保持其客观性？大型金融机构可能会受到 OFR 研究结果带来的不利影响，他们肯定会对其施加政治压力。

《多德—弗兰克法案》也要求每一家"大到不能倒"的机构写好一份官方批准的生前预嘱，即一份说明若陷入严重的财政困境时金融机构将如何解决（破产）问题的文件。这种做法基于不可靠的假设：有了生前预嘱，即使大型金融机构要倒闭，生前预嘱能稳定市场。我怀疑这种情况是否会发生。即使是生前预嘱已生效的传闻也会使市场参与者快速割断与深陷困境的机构的关联，这也会扰乱市场。本质上，所有"大到不能倒"的机构本身也是从遍布全球的金融关系开始变得"大到不能倒"。

《多德—弗兰克法案》中关于生前预嘱的规定（及应对金融集聚的方法）还存在另一个问题：把"大到不能倒"的机构划分为一个特殊类型，这实际上是把这些机构转变成了公共金融机构。把金融巨头分解成各个组成部分（投资银行、商业银行、消费金融、资产管理等）更容易管理、更容易监管，可能也更高效。除此之外，各个组成部分的价值总和很可能比一个多元性的整体更高。虽然收购的监管复杂程度让人望而却步，但这还是会使这些组成部分成为收购目标。为了脱离"大到不能倒"机构的行列，GE 和大都会人寿保险（Metropolitan Life）等多家非金融企业纷纷裁员。但即使提供合适的辞退金，其他金融机构也并未效仿，真是发人深省。我猜，其中一个原因是这些大型金融机构的董事会成员和高层管理人员不愿腾出他们在金融市场中的位置，即使对于股东而言，他们守着这些职位并非是最有利的。

从更广泛的角度来看待《多德—弗兰克法案》，可以发现，与新政金融法案的历史影响相比，该法案相差甚远。金融市场和金融机构中还有太多的基础漏洞依旧未被修补。所谓的"沃尔克法则"规定旨在限制商业银行的自营交易，但是一拖拖了好几年，限制力度削弱（如债务抵押债券不受限制），时至今日依然豁免了某些所谓的"遗产基金"（Legacy Covered Funds）。《多德—弗兰克法案》通过 6 年后，就在本书即将出版之际，新闻媒体才报道，根据《多德—弗兰克法案》中一项关于限制奖金的"提议"，华尔街银行家的薪资收入可能会受到限制。《华尔街日报》写道，"这些规定要求大型金融机构至多推迟四年再发放管理人员至少一半的奖金，比行业惯例晚一年"（"严厉的规则 Tough Rules"，2016）。很难说这项改革具有意义。

在 2007 年和 2008 年爆发令人惊愕的金融危机后不久，奥巴马政府就浪费了一个全面开展金融领域改革的宝贵机会。虽然两院共和党人的意见相左，但是公众的意愿非常强烈，有些人甚至在口头上"占领了"华尔街。但是奥巴马总统专注于其他事务，太过于依赖许多华盛顿和华尔街内幕交易人员（正是他们最先埋下了金融危机的种子）（苏斯金，2012）。2008 年国际金融危机已经过去，问题依旧：第二次大型金融危机会把美国资本主义带向何处？

12 金融史的现实意义

从某种意义上说，我们每天做任何事情几乎都要依赖历史，的确如此，因为我们运用过去的知识来解释我们的所作所为，并做出决定。历史是记忆，而记忆是我们之所以为人的大部分原因所在。不过，随意回忆过去和系统分析研究过去截然不同。独裁者竭力销毁（回想一下乔治·奥威尔的《1984》）或者彻底重写其统治历史并非偶然。

历史无知有两个层面：一是拒绝相信历史的重要性。二是过度相信历史的重要性，但学了错误的历史教训。因此，我们要认真谨慎地开展历史研究。当然，我们中没有几个人有时间去谨慎细致地研究历史，但是我们拥有大量的专家建议可以参考。正如其他学科一样，历史中有最好的实践做法。商业领域有商业历史咨询公司和大量关于企业、行业、国家经济的细致研究，有些已出版，有些并未出版（供内部使用）。目前，商学院一批教授正致力于有效利用历史方法，以期更好地理解企业管理、领导力、企业家精神、企业治理、社会责任及相关领域（比舍利，瓦德瓦尼，2015）。

如果各个机构（包括企业）及其领导层去认真查阅内部历史和以往对其造成冲击的事件，肯定会受益良多。认真研究历史的一个好处就是，随着时间的流逝，某些出发点很好的做法往往会持续很久，久到该机构最终都忘了最开始做这件事的初衷。这样的做法已经标准化了，人人都认为这种做法的存在理所当然，而不会时不时地去质疑这种做法。著名科技史学家埃尔廷·莫里森（Elting Morison）就英国在第二次世界大战期间提高某种轻型火炮的努力发表了以下论述，这种轻型火炮最早于1899—1902年的布尔战争（Boer War）时期投用。仔细斟酌以下这番话：

他们认为射击速度可以加大，为此召集了一批时间—运动研究专家来探讨简化射击步骤的方法。五位炮手在野外训练，他观察了其中一位。因为对某些射击步骤有些困惑，他就士兵们装弹、瞄准、射击等常规动作拍了慢动作视频。

他看这些视频的时候，就注意到了一些他觉得奇怪的地方。在射击前，有两位炮手先是停止了所有动作，然后再专注于3秒钟的射击过程。他找来了一位炮火方面的老上校，给他看视频，指出了这个奇怪的行为。他问老上校，这是什么意思。老上校也困惑不解，要求再看一遍视频。看完之后，他说："我知道了。他们屏息沉气在三思。"（莫里森，1966）

金融史是商业史和经济史的分支，主要涉及金融市场和金融机构的发展、中央银行、证券交易、金融监管和一些长年热门话题如金融泡沫、金融恐慌、金融危机的历史。还有专门写金融史的刊物，纽约华尔街还有一家专门的博物馆——美国金融历史博物馆（Museum of American Finance）。通过这家博物馆，在美国和以色列担任讲席教授和理事会成员，我积极支持金融历史研究。

虽然我们如此努力，但是人们对商业金融史的重要性还是怀着极大的悲观情绪，原因如下：大量研究指出，美国中小学生和大众在经济学、市场、金融方面的知识水平很低。1962年，美国前商务部长卢瑟尔·霍奇斯（Commerce Secretary Luther Hodges）把这个问题称作

"经济文盲"① （《霍奇斯计划》，1962）。当然，美国大学生是接受经济金融教育的主要目标群体，特别是那些有志于进入企业、从事金融工作的大学生。不过，这批人的情况也不容乐观。美国商学院培养出来的不过是技术人员，而非接受过博雅教育的毕业生。本科生和 MBA 课程关注的都是技能培养，而不是从更广泛的角度进行考虑，从政治、社会和历史角度来看待商业的作用，几乎毫无例外。市场营销专业学的是如何有效定位产品；供应链和运营管理专业学的是后勤组织；组织行为学专业学的是如何让员工满意，并保持高效多产。而金融专业学的是错综复杂的金融行业技巧，而未考虑金融对社会与历史的作用与影响。不可否认，大部分专业都开始了商业道德课程。但是，将商业道德课程设置成一两门独立的课程，而不是将其融入全部课程，这可能会给学生发送错误信息。一般而言，当今商学院的课程还包含了大量数据运算。

现在，一切形式的历史角度都有所缺失，令人心痛惋惜。20 世纪50 年代，我去纽约大学上学时，国内很多顶尖学府都开设了商业史、经济史、经济思想史课程。但是后来这种课程明显减少，因为商学院认为历史是一件不必要的奢侈品或是一个愚蠢（虽然有趣）的追求。当今商学院培养的这些技术才子缺少能力，不能理解历史变革或是政治、社会和经济发展对金融市场的广泛影响，反之亦然。我知道国内没有 MBA 项目硬性要求学生完成金融史、经济史或商业史课程。

简而言之，我们的金融领袖需要更广阔的视野，如金融危机带给我们宝贵的经验。个体不需要深入探究遥远的过去，如 1637 年的荷兰郁金香狂热（Dutch Tulip Craze）、1720 年的南海泡沫（South Sea Bub-

---

① 注：几十年来，经济教育委员会（Council for Economic Education）一直跟踪这个问题，致力于解决这个问题。2008 年国际金融危机后，公立学校在经济与金融方面的教育小幅增加（索维奇，2016）。

ble）。但是需要了解：20 世纪，信用多次膨胀，私营部门多次逾越法律和道德界限，监管机构多次努力解决问题（2008 年国际金融危机研究人员发现这些问题甚是相似）。虽然每一场金融危机都有其特性，但是这些危机的相似之处远远多于不同之处。缺失这些历史知识的金融领袖、投资者和监管机构都一样，都在挥霍宝贵而具有极大使用价值的资源。

最重要的是，我们的新领袖需要明白，他们需要深刻理解并铭记：利益最大化不是他们的唯一职责。他们也是整个社会信用的受托人。商学院院长和全体教师必须尽力保证下一代管理者（尤其是要管理顶级金融机构的人）能够拥有一个广阔的视角。如果不是大学这个知识探索的堡垒，那么我们能指望这些人从哪儿获得这样的视角呢？现在的商学院已经很像职业学校了。

作为一个市场长期参与者和金融史研究人员，我来分享几条金融史中的教训。教训有很多，但是这几条最让我震惊，这几条教训定期被发现，又被遗忘，又会被再次发现。我希望没有读这一章节的商学院学生和管理人员不论如何都来读一读这几条教训，在因忽略这些教训而付出高昂的代价之前来读一读。

我们先从金融史中一个更为常见的话题开始——英雄。金融和其他领域一样，传记作品仍是一个流行体裁。我们研究杰出人物的生平，不仅仅是为了了解他们的内在动机，也是觉得我们能从这些"伟人"身上学到一些可能影响我们一生的东西。但是，我觉得那些在金融史中被称为英雄的人最后往往是反派。20 世纪的几个例子可以证明这个观点。

伊瓦·克鲁格（Ivar Kreuger）（1880—1932）出生在瑞典一个实业家庭，他创建了一个更为庞大的商业王国，专注建筑与火柴生产。伊瓦在全球火柴生产领域占有举足轻重的地位，被誉为"火柴大王"

（Match King）。

克鲁格也因一系列金融创新而出名，包括可兑换黄金债券（Convertible Gold Debentures）、美国证书（American Certificates，又称美国存托凭证 American Depository Receipts）、外汇二元期权（Binary Foreign Exchange Options）、B 类股（B–shares，或双重股权结构股票 Dual Class Ownership Shares）。克鲁格发明的一些金融工具目前仍在使用之中，他也经常利用资产负债表外实体。这些表外实体与几十年后的安然等公司的表外实体类似。克鲁格去世后，这位产业大亨宣称的 6.3 亿美元资产中有 2.3 亿美元被证实是虚构的。20 世纪 30 年代初期，克鲁格商业王国的崩溃引发了金融恐慌，瑞典和美国受到的影响最为严重。

克鲁格支付给投资者的利润一般都是两位数，但实际上公司的利润只有一位数，不过他只有一小部分的非法行为是所谓的庞氏骗局（Ponzi Scheme）的结果。庞氏骗局是与伊瓦同时代的查尔斯·庞兹（1882—1949）（Charles Ponzi）"发明"的。庞兹是另一个英雄变反派的例子。庞兹声称自己在其他国家购买回信邮票券（Postal Reply Coupons）套利，设计了诈财骗局。这个意大利移民许诺投资者将在 45 天内得到 50% 的利润回报或在 90 天内得到 100% 的利润回报。他利用新投资人的钱来向老投资者支付利息和短期回报，虽然这个金字塔骗局并不是他发明的，但是他却把这种骗局"发挥"到了极致，迄今为止，无人能及。1920 年年中，他的骗局被揭发，他破产了，同时致使他和他的朋友掌控的波士顿汉诺威信托银行（Hanover Trust Bank of Boston）倒闭，投资者损失高达 2000 万美元。

虽然关于克鲁格和庞兹的猜疑流传多年，但是在他们垮台之前，他们均被视为金融奇才。克鲁格比庞兹精明老练得多，除了非法所得之外，还赚取了几百万美元的合法收益。不过，他也像庞兹一样，看透了公众的贪婪，盲目相信巨额回报，渴望获得巨额回报。诚恳的那么一瞬间，这位火柴大王承认，"我的企业建立在人类所能找到的最坚实的基础上——人类的愚蠢"。

后来被揭露是骗子的金融英雄并不总能利用人类的愚蠢并收益；有时候，是金融机构"协助打造了传奇"。这说的便是安然公司（Enron Corporation）。1985 年，安然公司从天然气管道公司发展成一家集电力、高新技术和能源贸易于一身的公司。据称，2000 年安然公司的利润高达 1000 亿美元。一直以来，安然公司广受赞誉。1996—2000年，《财富》杂志每年都把安然公司评为"美国最具创新精神公司"。2000 年，哈佛商学院还公开了一个关于安然公司的教学案例，备受赞誉。知名信用评级机构也将安然公司债券评为 3A 级，但安然公司不久后就破产了。安然公司把负债隐藏在上千个有专门用途的实体中，过度夸大其利润。高层领导肯尼斯·莱（Kenneth Lay）和杰弗里·斯基林（Jeffrey Skilling）秘密抛售他们手中的安然股票，却安慰投资者公司运营状况良好，一直到 2001 年年末公司宣布巨额亏损，公司陷入死亡螺旋。据估计，安然公司倒闭给投资者造成的损失高达 670 亿美元。此外，在安然的能源交易商设计的"危机"中，加州居民因人为抬高电价支付了 110 亿多美元。安然公司也代表了一个"时代"，因为 21 世纪初，很多企业随后也被爆出了类似丑闻，如泰科公司（Tyco）、世界通信公司（WorldCom）、环球电讯公司（Global Crossing）、英克隆（ImClone）、阿德菲亚公司（Adelphia）、南方保健公司（HealthSouth）。

金融诈骗分子往往是利用了市场热情时期，尤其是华尔街专家宣称旧规则不再适用的时候。"咆哮的 20 世纪"（"Roaring Twenties"）开始时，庞兹开始了他的骗局，而克鲁格是在大牛市时期吸引了几百万新投资者。安然的吸引力则是其宣称将把美国史上最无聊的行业——电力行业转变成最具创新精神与活力的一个行业。在 20 世纪 70 年代末期、80 年代和 90 年代，企业管制和金融管制放松的浪潮迭起，大量投资者就想听到这样的信息。

也是在美国金融史中的这一时期，对冲基金逐渐受到了高端投资者的青睐。正如其名字所暗示的，对冲基金向投资者承诺一种将风险降到最低程度的方式，即通过弥补性投资来套期保值。但是每一笔交易都需要对手方，所以虽然对冲基金宣称将风险降低或者消除风险，但实际上是赌自己比对手方更懂得评估风险。对冲基金似乎有其优势，所以这种说法更为可信。近段时间，所谓的对冲基金优势越来越多地以复杂模型的形式显现。

在 20 世纪 80 年代和 90 年代投资过热的环境中，对冲基金美国长期资本管理公司（Long‐Term Capital Management，LTCM，1993 年成立于康涅狄格州格林威治）就展现了其过人的智慧和绝妙的技术。该公司的创立者约翰·麦瑞威瑟（John Meriwether）是我以前的同事，他在所罗门担任债券交易部门负责人，屡屡创下交易奇迹。1991 年，所罗门公司被曝交易丑闻时，他离开了所罗门。LTCM 聚集的要么是华尔街奇才，要么是学术精英，如原美联储副主席大卫·马林斯（David W. Mullins, Jr.）、两位诺贝尔经济学奖得主——罗伯特·C. 莫顿（Robert C. Merton）和迈伦·S. 斯科尔斯（Myron S. Scholes），他们发明了新的金融衍生品定价方法。LTCM 公司资质完善、人脉广，在 1994 年初开始交易时，就筹到了 10 多亿美元。

1994 年，平均下来，所有的债券投资者都亏钱的时候，LTCM 的回报率却高达 28%，扣除 20% 的管理费，投资者的净回报率仍高达 8%。麦瑞威瑟写给股东的信中还夹带了附件，附件是知名经济学家斯科尔斯和莫顿一列又一列的精确计算，旨在说明对冲基金亏钱的频率和亏损百分比（如每 100 年中有 12 年亏损 5%）。LTCM 公司的历史记录者罗杰·洛温斯坦（Roger Lowenstein）对此进行了准确说明："这就像专家教授们掌握了秘密信息或是有另类的世界观，因为普通投资者不会冒险做出这种预测。大多数人知道他们的股票会跌，但是如果问他们下跌的概率具体是多少，他们很可能只会迷茫地眨眨眼"（洛温斯坦，2000）。

1997 年，LTCM 遭遇了无法预测的市场动荡，亚洲金融风暴爆发蔓延，次年，俄罗斯政府违约。短短几个月，LTCM 公司的资本损失了近 20 亿美元。沃伦·巴菲特、高盛和 AIG（美国国际集团）提出购买 LTCM 公司的股权，但遭拒绝。害怕爆发系统性崩溃的纽约联储精心安排了高达 36 亿美元的紧急财政援助，而实际上后来证明这是有序清算。2000 年，LTCM 公司倒闭清算。最终，新投资者带着微薄的利润一走了之，合伙人的 19 亿美元全部亏损，LTCM 公司共亏损 46 亿美元。这个对冲基金梦幻组合上演了史上最大的金融灾难之一。

金融史上的另一个教训便是，在繁荣时期，大量市场参与者就会认为旧规则不再适用。一提到 20 世纪 20 年代是"新纪元"（New Era），很多人会想到华尔街。当时有一个人滔滔不绝，称这个新纪元"意味着永久繁荣、经济繁荣与萧条交替循环的终结，美国人民的财富和储蓄均会稳定上涨，股票价格会持续走高。"1929 年美国股市崩盘前，只有《纽约时报》（*New York Times*）的财经专栏作家亚历山大·达纳·诺伊斯（Alexander Dana Noyes）等少数人表达过对大牛市的怀疑和担忧。数十年来，他密切关注市场动态，相信"历史经验教训，即人类本性不会变，甚至金融史也会重演"（克莱因，2003）。

近期金融泡沫期间的主流态度与 20 世纪 20 年代"这个时期不一样"的论断惊人地相似，与早期的繁荣时期也惊人地相似。20 世纪 90 年代被称为"新经济"（New Economy），而非"新纪元"。20 世纪 20 年代的经济增长动力来自汽车和耐用消费品，20 世纪 60 年代的经济增长动力来自塑料制品和主计算机，而在 20 世纪 90 年代，互联网代表了大部分具有新型吸引力的企业和行业。据说，雅虎（Yahoo）、美国在线服务公司（AOL）、网景通信公司（Netscape）、亚马逊（Amazon）等公司不仅从强劲的经济扩张中获利，也在这一进程中改写商业规则。越来越多的人认为，在评估企业股价时，ROI 和市盈率等衡量财务表现的传统方式很古板。这些方式只适用于传统实体企业。像"吸引眼球"和"点击率"这样的新衡量方法，衡量潜在客户的访问量，而非真实销售量则大幅抬高了很多网络公司的市值。2000 年，詹姆斯·K. 格拉斯曼（James K. Glassman）和凯文·A. 哈塞特（Kevin A. Hassett）出版了《道指 36000 点》（*Dow* 36000），当时，道指才刚刚破 10000 大关，这本书非常畅销。不久，互联网泡沫就破裂了。

　　并不是每一场经济繁荣或金融繁荣都以恐慌收尾。泡沫仍旧很难发现，至少在泡沫可能形成阶段难以发现。此外，虽然每一个金融泡沫都是独特的，但是所有泡沫的成因都是贷款标准放宽、信用过度扩张。一旦贷款方相信"新纪元"或"新经济"已经开始，很多人就愿意按照极不现实的条件扩大贷款规模。借款方则非常开心地接受了更宽松的贷款条件，哪怕对自己是否能偿清债务都心中无数。

　　在大牛市期间，货币管理机构需要发挥重要作用：负责持平借款和贷款，严格控制过度借款或贷款。不幸的是，历史长河中，随处可见中央银行的不足。虽然金融市场和经济能够进行半自发调控，但是金融市场中的财富效应（房产、退休金等家庭主要资产增长时，消费随之增长）等会对经济造成重大影响。在互联网泡沫破裂和导致 2008 年国际金融危机的房产泡沫破裂时，艾伦·格林斯潘领导的美联储就充分限制信贷、冒险对经济扩张泼冷水一事犹豫不决（在下一章节中，我会讨论美联储如何在各个方面变得越来越政治化）。威廉·麦克切斯尼·马丁认为，中央银行的职责就是"在聚会渐入佳境时收走大酒杯"，即美联储需要提前收紧货币政策以免催生资产泡沫和通胀风险，但距他担任美联储主席到现在已经过了数十年。

在我看来，金融史还教给我们一条经久不衰的教训：金融市场中的中介越强大，贷款方和借贷方的距离就隔得越远，市场风险就越大。双方之间的相互作用最终导致了这场次级房贷危机。抵押贷款机构迅速把债务转移给了中介，而中介又将债务重新打包、再次出售，以此往复。此外，金融分析量化逐渐增多，隐含着这样一个假设：只有能用来进行计算和建立模型的数据才重要。强大的计量经济工具有其优势，但是也有所限制，而这种限制只有在贷款方和借贷方亲自接触时才能消除。英格兰银行行长马克·卡尼（Mark Carney）表示："危机爆发前夕，银行业关注的是银行而非企业；是交易而非关系；是对手而非客户。原先用来满足企业信贷和对冲需求的新型工具很快就变成了放大金融成果赌注的工具"（卡尼，2014）。

自由社会不能通过暴力获得，而必须培养自身文化，不断地为研究人员提供机会反思文化遗产，从反复出现的模式中总结出经验教训。如果我们要培养出有学问、有见地的领导来保留社会和文化精华，那么经济史和金融史就与社会史和政治史一样，不可或缺。博学多才的前英国犹太教大拉比乔纳森·萨克斯（Jonathan Sacks）提醒我们："自由并不是从战场或是政治舞台获得的，而是人类的想象力和意志。要保卫一片领土，你需要一支军队。要保卫自由，你需要教育。你需要家庭和学校来保证你的理想能传给下一代人，而不会遗失、丧失或模糊。研究所在的房子就是自由的堡垒。老师就是英雄，激情就在于教育和精神生活"（萨克斯，2000）。

13　美联储政治化

　　自第二次世界大战以来，美联储的表现最多也只能说是功过并存：取得过重大成就，也存在很多不足。美国央行的最大成就如下：第一，在保罗·沃尔克的领导下（参见第4章），美联储不畏艰难，抑制了持续15年之久的恶性通货膨胀。这次通货膨胀自1965年就开始了，妨碍了美国经济发展。如果物价继续上涨、这次通货膨胀再持续下去的话，美国经济势必会遭受极端可怕的后果。第二，在本·伯南克的领导下，美联储，虽然姗姗来迟，减轻了2008年金融危机对宏观经济的影响。虽说在格林斯潘的领导下，美联储的政策确实引发了信贷热潮，导致金融危机，但格林斯潘的继任者伯南克采取了创新举措，成功阻止了金融危机演变成大萧条。自20世纪30年代以来，美国没有再出现大萧条，货币政策制定者的的确确功不可没，值得表扬和肯定。

　　当然，美联储还创造了如下功绩：在应对20世纪70年代的亨特兄弟操纵白银案时，美联储发挥了重要作用；20世纪80年代初期，美联储缓和了拉美债务危机；1987年华尔街股灾爆发后，美联储防止了信贷紧缩；在1997年亚洲金融风暴期间，美联储稳定了全球信贷市场；1998年对冲基金公司美国长期资本管理公司破产后，美联储警告称可能出现系统性崩盘。要不是美联储采取了果断措施，这些货币危机很可能会严重加剧。

　　另外，在20世纪70年代出现通货膨胀以及在此后几十年房地产信贷（尤其是劣质信贷）过度扩张之际，美联储的反应太过迟缓。进一步说，美国金融系统的基础是能够改善监管结构的基本原则，但中央银行未能明确其思想体系、阐明其理论依据。我们究竟想要一个什么样的金融系统？美国金融机构和金融市场到底应该追求什么？如何才能在维护公众信任的同时实现目标？金融机构和其他私营企业之间有重要区别吗？

美国经济发达、形势复杂，需要强劲且高度融合的金融领域来协调储蓄与投资的关系，这是第一个假设，似乎没有争议。金融机构和金融市场协调资金供需双方的需求。如果我们的金融系统没有效率，那么消费方和储户的行为就会受到极大限制，美国经济效益就会大大降低。此外，运行良好的金融体系应促进经济平稳发展。进一步说，运行良好的金融体系应促进理性金融操作，抑制过度现象。

在金融领域和学术界中，一些人明确地将金融系统的基本功能划分成两大类：一是提供支付机制；二是提供有效信贷分配机制。之所以这样划分是因为我们显然需要维护支付机制，但维护信贷分配机制的需求却没那么明显。不过，我认为在当今的金融世界中，这些功能相互交错、紧密结合。过去几十年，业内外对这些功能的看法发生转变，使货币与信用之间的不同难以区分。

实际上，美联储没能及时辨别金融市场中的结构性转变以及这些转变对货币政策的影响。以下列出一些主要结构性转变：

第一，许多传统银行和其他机构参与价差交易，试图借此固定高于负债成本的收益率。在美联储取消定期存款、储蓄存款利率上限时，在银行转而为借贷方提供浮动利率贷款时，价差交易成了他们的首选。这么做的直接影响便是使借款方和贷款方摆脱美联储早期的限制。比如说，在20世纪70年代和80年代初期，在借贷双方收手之前，美联储大幅加息。结果使利率大幅飙升，债务也随之大幅上升，导致借贷双方的信贷质量大幅下滑。美联储没能理解这一系列事件会对货币政策的实施造成什么影响。

银行业的这种新做法引发了严肃问题：金融机构应该享受货币政策的好处且受其限制吗？或者说，金融机构只应是将货币政策影响全传导给家庭和企业的中介机构？最近几十年，金融机构扮演的角色已经越来越像中介机构了。通过价差交易和其他手段，金融机构已快速将更高的资金成本传导给了地方政府、企业和家庭借款方，以保护它们自身的利润率。结果就需要调高利率来有效紧缩银根，越来越多的借贷方变得微不足道，金融中介机构所持债务的质量也就下滑了。

第二，美联储没能真正领会债务证券化迅速增长对货币政策的意义。债务证券化是指将非交易性资产转变成交易性工具的过程。如今，很多信用工具都已经证券化，如消费信贷债务、抵押贷款、收益率更高的企业债券和大量衍生品工具。这些工具促使债务快速增长、监管质量急剧下降、信贷质量下滑。然而，长期以来，美联储官员们（尤其是美联储主席格林斯潘）的言行给公众的感觉是，证券化增加了流动性，这些债务减少了贷款方的风险，将部分风险转移给了大量参与者，以此分散聚集的风险。这种结论经不起时间的检验。

第三，美联储始终认为流动性主要基于家庭和企业资产负债表中短期资产的数额。如前所述，这种观念几十年前就变了。各个家庭不仅继续持有短期资产，也包括获得房屋抵押贷款的能力和未使用的消费信用额度。除了流动性以外，企业也增加了未使用的信用额度及对其在公开市场获得贷款的预期能力。这般自由扩充着的流动性概念的确使信用创造超出了美联储的预期。

第四，我一直疑惑美联储是否能将参与较多国际活动的金融机构和金融市场纳入其计算范围。巨额资金通过电子交易从一个国家流向另一个国家，有时资金流动与促进贸易增长的方向相反。为了促进国际资金流通，美国大型商业银行和投资银行纷纷在全球主要金融中心开设大规模公司；与此同时，境外金融机构在美国的占有率也日益攀升。眼下，许多美国借款方同时参与了美国金融市场和境外金融市场，而美国投资者也越来越熟悉国际机遇了。

第五，回报丰厚的机会伴随着风险。美国货币中心银行给发展中国家提供贷款就是一个典型的例子，在全天24小时都在进行交易的世界里管理浮动汇率的风险则是另一个例子。如今，将所有的资金流动联系起来并评估其重要性的难度不断加大。不足为奇的是，近期调查揭露了很多美联储和其他监管部门未能及时发现的非法跨国交易，如早在20世纪90年代初期就开始的LIBOR（London Interbank Offered Rate，伦敦银行同业拆借利率）操纵案。《华尔街日报》的一位撰稿人总结了这次"大"丑闻的后果："约有十几家金融机构已经同意了结关于其员工试图操纵人尽皆知的基准利率而增加利润的指控。很多涉案公司承认有罪，一共支付了数十亿美元的罚款。"一些涉案人员目前还在监狱服刑（恩里奇，2016）。

第六，或许最为显著的转变是金融资产集聚在少数人手中这一现象对货币政策的影响。美联储推动了政府废除《格拉斯—斯蒂格尔法案》，却不知道这么做会对日后实施货币政策造成什么影响。该法案废除后，出现了很多大规模合并，最终导致如今"大到不能倒"的局面。这一情况及其他变化都使美联储陷入了困境（我稍后会详细阐述）。

在我看来，美联储没有充分说明或规定金融机构的角色和责任。金融机构不仅是信用的守护者，进一步说，金融机构也是加强或削弱市场社会的机制。金融机构应该是构成促进债务合理增长、权益和所有权大量增长的过程中的一份子。诚然，要想实现这些目标就必须要有正确的财税结构。冒险和创业热情属于权益资本所在的商业与贸易世界，而非大量持有他人资产的金融机构。鼓励金融机构加杠杆必然会导致私营企业加杠杆，使其更为脆弱、更为微不足道，最终招致政府干预。整个过程势必会损害经济民主的精髓。

在这方面，很多事实无法改变。首先，如果金融机构中创业热情过度高涨，直接后果就是经济和金融过度高涨。只有等到贷款不能及时偿还或投资出现问题时，金融过度使人力不从心，具有限制性的一面才会完全显现。

最近几年所发生的大事件使美联储的独立性成了焦点。2013 年 5 月，保罗·沃尔克在纽约经济俱乐部发表了一场深刻透彻的演讲，谈到了这个话题，他表示："归根到底，独立性基于对专业素养、公正不阿、丰富阅历、正确判断的看法和行动的意志。美联储对国会和人民担负的职责不同，有明确界限，必须严格遵守。此外，在民主社会中维护独立性最终还要靠美联储以外的东西。不应要求美联储，所有中央银行做太多、承担太多责任，因为美联储权力有限，难以履行合理要求之外的责任。"

沃尔克婉转地将此次讲话的题目定为"处于十字路口的中央银行"（Central Banking at a Crossroad）。我相信美联储现在已经过了这个路口，正走在通往难以回头的政治化道路上。在很大程度上，这说明美联储缺乏战略思考。美联储并未反对金融机构加速集聚（金融集聚始于 20 世纪 90 年代，而在 2008 年国际金融危机爆发时，美联储实际上也推动了金融集聚），所以现在美联储基本控制着这些金融巨头的发展方向。现在这些金融巨头已经"大到不能倒"了，而它们的业务活动又难以监管，所以现在美联储职员及其他官方监管部门会列席它们的会议。有些部门甚至出席董事会议。与前几年相比，这真是天壤之别，因为监管部门之前只是定期到银行审查一下公司股份和业务活动。

此外，美联储是联邦金融机构检查委员会（Federal Supervisory Oversight Committee）十位拥有表决权的成员之一。该委员会负责防止金融危机爆发等，美联储与其他监管部门一同履行这一职责，分别负责特定市场，所以说美联储评估金融市场中风险总量的能力有限。在评估市场环境时，这十位拥有表决权的成员行动时有多独立呢？所需监管应由美联储负责，并与其他监管部门磋商。

新的货币策略给美联储带来了重大风险。货币理论不关注前瞻性指引。显然，预测未来的商业活动对货币政策而言前所未有。如果预测的准确率非常高的话，这一货币策略或许恰到好处。然而，预测的准确率并不是非常高。即便如此，事实上，这些预测也使市场参与者神魂颠倒。结果，货币政策对金融市场行为的引导不断增多。现在那些"大到不能倒"的金融巨头已经成了公共金融机构，但是其他机构可以倒闭。这就会进一步刺激金融集聚，而针对货币政策的政治审查会进一步加强。

鉴于国内外金融市场所发生的一切结构性改变，问一个非常合理的问题：为了使中央银行能够直面当代挑战，应该对其进行结构性改革吗？首先，美联储的地理配置，十二家地区银行的设置已经过时许久。一个世纪以前，美国仍是一个以农业和新兴工业为主的国家，在中西部和东北部设置了多家地区银行，这是合理的。但是随着西部和南部美国人口和经济急速增长，这样的设置就不合时宜了。加利福尼亚州，本身就是全球第七大经济体，和西部六个州只有一家地区（美联储）银行，即旧金山联邦储备银行，而整个南部仅有两家地区银行（达拉斯联邦储备银行和亚特兰大联邦储备银行）。此外，跟1913年一样，密苏里州现在还是有两家地区银行（堪萨斯城联邦储备银行和圣路易斯联邦储备银行）。

一些与联邦公开市场委员会成员和投票权相关的规定十分陈旧，扭曲了如今美联储的治理。目前，FOMC的投票成员包括7名联邦储备体系理事会理事、12 位储备银行行长中的 5 位行长。纽约联邦储备银行行长一直持有投票权，考虑到纽约作为国际金融中心的影响力不断扩大，这样设置是合理的。但是，不论何时始终都有 7 位行长没有投票权。地区银行行长轮流投票属于历史决议，而这一历史决议如今已毫无价值。为什么芝加哥和克里夫兰联储行长每两年有一次投票机会而其他九家地区银行行长每三年才有一次投票机会？芝加哥和克里夫兰这两个地区现在的经济和金融影响力还像几十年前一样吗？也想想现在主要市场和金融机构都在哪里。举个例子，不久前，位列美国最大金融机构的美国银行（Bank of America）把总部从旧金山搬迁到了里士满联邦储备区（Richmond Federal Reserve District）。

美国联邦储备委员会（Federal Reserve Board）委员的任期设置也需要重新评估。7 位委员的任期长达 14 年，最初是为了避免货币政策受到政治压力的直接影响。这样的设置值得赞赏，但是历史表明大部分委员的在任时间都不满 14 年。

另一个时机成熟、需要改革的领域是美联储委员会委员的薪酬福利。据路透社报道，美联储主席珍妮特·耶伦每年的收入（由国会确定）仅为 201700 美元，比在美联储华盛顿总部的其他 113 名员工少得多（年均 246506 美元），相比央行监察长 312000 美元的年收入更是少得多（弗莱厄蒂，2014）。而各位委员的收入与很多私营金融机构领导的百万美元年薪更是相差甚远。可是，美联储主席和委员们身负守卫美国金融系统的重任。与私营领域一样，或许央行之间的薪酬竞争会改善美国的情况。据近期报道，英格兰银行新任行长的年薪将超过 100 万美元。

美联储的合理性在很大程度上依赖于美联储是否能保持行动的独立性。所以，公共银行行长的薪酬福利应与私营银行行长的薪酬福利相差无几时，他们要扮演的角色必须分开。不幸的是，同很多政府官员一样，美联储官员担任公职期间频繁进出私营金融机构。但是，就此而言，应禁止美联储官员或其他在美国政府部门担任要职的官员，在卸任公职多少年内进入私营金融机构。

美联储创始人若是知道美国当前的经济规模和成分、美国央行如今的权力和复杂度，一定十分惊讶。虽然20世纪美国经济发生了翻天覆地的变化，但是美国央行却没能跟上步伐。细想一下美联储创立100多年来的经历及其面临的挑战，现在是时候重新审视美联储的基本职责、结构、策略和政策了。然而，不论实施改革的理由多么合理，一想到要改革，就会触及敏感的政治神经。20世纪，中央银行变得越来越懈怠，今朝有酒今朝醉。但是在金融和经济相对稳定时，而不是等到下一波动荡时，在大部分人头脑清醒时，认真审视并重组美联储，不是更合理吗？

14　结构性转变

人们常说，信息革命是当下伟大的资产。虽然万维网诞生不过 20 年，但是与上一辈相比，当今投资者在几何学上能获取更多信息和复杂精准的新型信息建模工具。不过，过度依赖统计数据会带来巨大的风险，在政治方面尤为如此。如今的数据丰富多样，方便获取。但这些数据的准确率怎么样？有效性如何？请看以下实例。

衡量美国经济活动最全面的指标是国内生产总值（Gross Domestic Product，GDP）。首先，我们会得到初步估值。随后，我们对这些估值进行一系列的修改。几年之内，这些数据被翻来覆去地修改。这一过程清晰证明了初始数据的脆弱性。当然，也有很多人在批判 GDP，其中大多数评论员关注 GDP 未包含的指标，包括无偿家务、养育孩子、志愿者工作；负消费指标（如失业引起的信用卡消费）；不平等；可持续性等。一位研究国内生产总值指标的历史学家表示："美国最重要的经济效益指标并没有衡量人民生活水平是否提高，甚至也没衡量我们的行动计划是否可行。GDP 只是让我们知道了总产值和交易额"（飞利浦森，2015）。

另一个常用指标是生产力。生产力是指实际商业产出。这个概念也存在缺陷。艾伯特·乌泽卢尔曾撰写过一份重要备忘录，在华尔街广为传阅。他指出，这种传统的生产力指标没有解释占 GDP 很大一部分的政府活动和非营利性活动，如教育、执法、公用事业、非政府组织、宗教组织等。此外，乌泽卢尔还表示："这项指标衡量了量，却忽略了质……讽刺的是，正如许多人认为的，在航空交通（管制）方面，在营收乘客里程增加，但员工人数减少、服务质量下降时，生产力指标却上升了。"

我们衡量通货膨胀的方式也有问题。按照目前的组成成分来看，居民消费价格指数（CPI）（Consumer Price Index）就存在许多问题，如抽样误差、替代偏差、购物篮新货物偏差以及质量调整偏差。细分后者时，马丁·费尔德斯坦（Martin Feldstein）写道："我们无法知道每种被衡量的价格增长是否反映了质量增长以及净值增长"（富勒顿，1994）。严格参考价格，把15年前看彩电的体验和如今看高分辨率宽屏等离子电视的体验进行比较，衡量两者之间不同的体验有多大意义？即便衡量居民消费价格指数的方式存在不足，但是通胀指标对实施货币政策和金融市场行为仍然至关重要。

经济分析中（尤其是预测时）的另一个主要指标则是经济周期分析指标。每次周期性波动（上升和下降）持续的时间和幅度都不甚相同。但是，分析师往往会参照历史性、周期性平均值。问题是，统计平均值往往会掩盖每次周期性上升和下降之间的重要区别。举个简单的例子：1948年11月至2007年12月，共出现了11次经济衰退。平均下来，每次经济衰退持续11个月，使GDP涨幅下降1.9%，经济似乎只是轻度衰退。但是具体到每次经济衰退，我们会发现，其中有一次经济衰退持续了18个月，有两次以上经济衰退持续了16个月；其中有6次经济衰退将GDP涨幅拉低了2.4%或以上。所以说平均值掩盖了这些经济衰退的波谷值。

进一步说，当前常用的周期分析方式捕捉不到经济和金融领域发生的重大结构性转变以及这些转变的意义。比如说，许多人将20世纪90年代出现的周期性经济衰退视为"大缓和"，而这些衰退实际上是由非金融债务激增使然。宏观周期的总数据掩盖了这种重大结构性转变。

单纯地依靠周期性经济分析会导致错误预期。在当前环境下，这种思维方式会给予我们如下暗示：我们将回到收益率曲线早期的"常态"模式，重新实施过去行之有效的货币政策，或是允许市场机制单独自发地调整金融市场的严重偏离。我认为，不论是哪种暗示，过去已经一去不复返，我们不能再回家。因为深刻持久的结构性转变，跟地理构造变化类似，正在改变经济和金融版图。

结构性转变正在重塑欧洲。欧盟现拥有 28 个成员国，这些国家有强有弱。虽然说美国的 50 个州也是有强有弱，但是美国在政治上是统一的；而欧洲各国在政治上并不统一。虽然美国有些州像希腊一样经济落后，但是它们也是美国不可分割的一部分。不过，欧洲就可能出现这种情况。欧洲政治多元化导致了这种难以捉摸的局面。相比而言，欧盟的对内投资与贷款一直以来都较为宽松。欧元区内的大部分金融活动都是自发开展，缺乏尽职调查，被错误思想（主权债务发生风险的可能性很小）误导。不过，欧洲难以在短时间内实现政治统一。虽然欧盟面临的风险较为严峻，但是在现有的框架内欧盟也能继续勉强应付。

另外一个结构性转变就是金砖五国的未来命运。新兴资本主义经济体巴西、俄罗斯、印度、中国和南非一直以来都想要强劲扩张，并想在扩张进程中给世界地缘政治和经济关系带来根本性改变。现在，这五个金砖国家的缺点不断暴露：腐败现象严重、过度金融化、官方数据不可信、低估对发达国家的依赖等。在这些国家中，有几个国家的强盗资本家势力显赫，对政治施加了过度影响。很多强盗资本家都善于把积累起来的财富转移到国外、藏匿在国外（据报道，他们秘密拥有纽约、伦敦等地的高端房产）。19 世纪的美国还是一个发展中国家，当时的美国强盗资本家并没做出这等丑事，而是把他们的大部分资产用来投资国内企业。毫无疑问，金砖国家最终能重获他们的经济牵引力。不过，这需要时间，也需要大量的法律、金融以及经济体制改革。

日本的结构性转变更难以捉摸。日本的老年人口必须依靠工薪阶层，相对而言，日本工薪阶层的人数不断减少。虽然日本的国债绝大多数都是本国持有，但是其处于世界最高水平。日本还没从"失去的二十年"中崛起。"失去的二十年"始于 20 世纪 90 年代初期，当时荒诞无比的贷款狂潮破灭，日本房市和股市暴跌；此后，日本政府不得不给所谓的"僵尸"银行提供多年支持。最终，日本可能会增加军费支出，以此促进经济活动。此外，日本人傲慢狂妄，他们会继续大力支持反移民政策，而这也会阻碍日本的经济发展。

移民问题不是个新问题，却成了当今时代一个具有决定性意义的问题。几十万年以来，人类通过漫长的迁移来到各个大洲，而最现代化前的经济形式就是游牧。随着民族国家的兴起，人类遇到了第一次大规模、人为的自由迁移障碍。经济历史学家凯文·H. 奥罗克（Kevin H. O'Rourke）和杰弗瑞·威廉姆森（Jeffrey Williamson）曾记载，第一次世界大战和全球大萧条导致 19 世纪末期出现的全球化浪潮破灭；结果，工人跨国自由流动遭到强烈抵制（奥罗克与威廉姆森，1999）。美国自由女神像（1886 年落成）底座上镌刻着艾玛·拉扎露丝（Emma Lazarus）的十四行诗，这首诗迎来了一代又一代移民：

把你，
那劳瘁贫贱的流民
那向往自由呼吸，又被无情抛弃
那拥挤于彼岸悲惨哀吟
那骤雨暴风中翻覆的惊魂

全都给我！

我高举灯盏伫立金门！高举自由的灯火

而 1924 年，美国却通过了严格限制移民人数的法案。鉴于最新一轮全球化浪潮本身的压力，我们发现有迹象表明劳动力国际迁移的规模在不断缩小。

对于资本主义体制而言，移民问题是一个极其复杂难解的问题。资本主义理论奠基人亚当·斯密（Adam Smith）强烈反对重商主义。重商主义是指控制整个帝国的贸易。当时，英国将重商主义发挥到了极致。虽然在斯密生活的年代里基本没出现非奴隶劳动力的迁移，但是这位伟大的经济学家赞成移民到新殖民地，去推动经济发展。斯密在《国富论》（*The Wealth of Nations*）中写道："不当税收是走私活动的极大诱因，"因此，他提倡低关税。认为他支持人员和商品的自由流动的观点也合乎情理。斯密对各国人民和当地人都宽宏大量，他在《道德情操论》（*The Theory of Moral Sentiments*）中指出，"我们的善意，没有任何范围的限制。"当今关于资本生产因素的传统思想支持资本和商品的自由流动，但不支持劳动力的自由流动。

不论是以前还是现在，跨境移民的原动力都是为了享受更好的生活。而先进的通信技术让这个问题更为突出。目前，生活在全球最贫穷社会的人也能够通过网络、电视和手机清晰地看到自己（每人每天生活支出 1~2 美元）与发达国家富人之间的巨大差距，而这就是移民的强大动力。

虽然在过去二三十年，世界上很多最贫穷的地区在脱贫方面取得了重大进展（这主要得益于经济全球化），但是贫富差距仍然悬殊。发达国家可能会承诺提供更多资金来缩小贫富差距，但这似乎不太可行，因为这些国家本身国内预算较为紧张。缩小差距的另一个方法是发达国家和地区扩大贸易和投资区域，但也不太可行。例如，欧盟可以把贸易投资范围扩大到北非。但鉴于前面讲到的欧盟自身的艰难处境及与其他地区的相似问题，在可预见的未来，经济发展仍会由私有投资来引领推动，而非公共投资。

　　我在本章所谈到的结构性转变只是冰山一角。在可预见的未来里，这些转变会决定社会、政治以及外交。这些转变成了不可逆的趋势。在下一章，我会探讨发生在经济和金融领域的结构性转变。虽然有些转变大约 10 年前才出现，却已经产生了非常深远的影响。不管这些结构性转变是否受到欢迎，倘若我们不加重视，未来之路，我们势必会一路跌跌撞撞、走得不清不楚。

15 你不能再回家

人人都念旧。有时候，我们想回到过去，重新体验青葱岁月、浪漫爱情的魔力，再次品味在运动赛中夺魁的喜悦，我们怀念激情澎湃的大学生活和同窗好友，甚至是大获成功前的艰难困苦与无限挣扎。但是正如托马斯·沃尔夫（Thomas Wolfe）在《你不能再回家》（*You Can't Go Home Again*）中指出的：你离开的家，绝不是你回去时的家。这本小说发表于 1940 年，他在书中生动刻画了小镇生活，书如其名。

在经济和金融领域，也是相同的道理。早期经济时期和早期市场关系可能看起来非常有吸引力。比如，20 世纪 50 年代和 60 年代初期的回忆都相当美好：当时，经济增长稳定；银行只给当地客户贷款，也了解他们；抵押贷款还款年限固定为 30 年，没有利率波动，没有其他复杂的业务；美联储的使命就是制定并实施货币政策，仅此而已。当今更为年长的人则怀念这样的日子：家庭和企业必须非常努力才能获得贷款；银行就是银行，保险公司就是保险公司，行业分工明确。当时，人们认为银行业是一个相当悠闲的行业，"银行营业时间（短暂工作时间）"这个表述就隐含着放松自由的意思。二三十年前，抵押支持债券、债务抵押债券、信用违约互换等几乎不为人知，更为少见。在投资银行业，几年前，很多拥有百年历史的公司也还是华尔街的主力公司，不过这些公司最近销声匿迹了。

我们应该试着回到这样的世界吗？回得去吗？第一个问题的答案是"不应该"，因为第二个问题的答案是"回不去"，几乎无一例外。

我们回不去的，所以我们不应该尝试。那问题就变成了：现在的实际
情况是什么样的？

　　美国金融市场发生了令人咋舌的结构性转变，这些转变的结果才
开始显现：债务绝对飞速增长；更重要的是，相对于GDP而言，债务
也在飞涨。战后初期，债务和GDP的增速基本一致，这是个变化。20
世纪90年代中期，GDP增速与债务增速之间出现了差距，此后这一差
距不断扩大，甚至在2008年经济大衰退之后还在扩大。自那以来，政
府债务就占了总债务的很大一部分；目前，美国政府债务为GDP的
101％；2007年，这一比值为63％；而2000年，这一比值仅为54％。

　　相比而言，自2008年以来，家庭债务、各州债务和地方政府债务
几乎没有变。即便如此，这些债务在历史上也仍处于较高水平。此外，
非金融企业的债务也处于历史较高水平，并且还在增加；自2008年以
来，非金融企业的债务上涨了14个百分点。

万亿美元

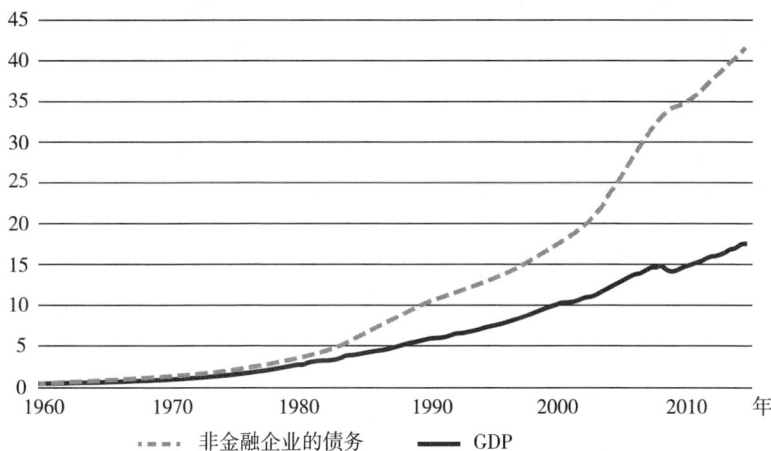

资料来源：美联储。

图15.1　美国国内未清偿非金融债务与名义GDP

表 15.1　未清偿企业债券市值，按信用评级划分

	1988 年 12 月 31 日	1992 年 12 月 31 日	1999 年 8 月 31 日	2014 年 12 月 31 日
信用评级：				
Aaa – A	64.95%	64.42%	52.94%	42.79%
Baa	23.47%	25.18%	22.93%	33.88%
Bb 及更低	11.58%	10.40%	24.13%	23.33%
合计	100%	100%	100%	100%

资料来源：标准普尔。

问题不仅仅是相对和绝对债务规模。另一个同等严重的问题是，最近几十年，债务质量大幅下降。

请看以下数据：

20 世纪 80 年代中期，61 家非金融企业被评为 AAA 级信用单位。但如今，被评为 AAA 级信用单位的非金融企业只有 2 家。1988 年，被评为 Baa 级及其以下的未清偿债券占 35%。1999 年，这一比值飙升至 47%；2014 年，飙升至 57%。

企业融资越来越依赖债务。20 世纪 90 年代，企业总债务增加了 4.1 万亿美元；同期，企业权益却只增加了 0.263 万亿美元。2000—2007 年，资产净值缩减，但债务却增加了 7 万亿美元。此后，企业权益增加了 0.28 万亿美元，但债务又增加了 8.2 万亿美元，真是小巫见大巫。

很多市场观察员指出，实际上，非金融企业坐拥的流动资产超过 2 万亿美元。但是其中的分析价值被大大高估了，因为这些流动性资产的集聚程度非常高。在 425 家标准普尔指数非金融企业中，61% 的资产掌握在 20 家企业手中。各州政府和地方政府的债务质量下降形势

似乎有所逆转，不过，这些债务的质量还是远远低于经济扩张初期时
的质量。

表 15.2 非金融企业权益与债务账面价值净变（1990—2015 年）

单位：十亿美元

		1990—1999 年	2000—2007 年	2008—2015 年
税前利润		3878.7	5610.7	9125.4
减去				
	税款	1306.6	1572.1	2082.7
	股息	1742.4	2535.9	3839.4
加上				
	IVA	(16.6)	(159.1)	(97.7)
	净新权益	(550.2)	(1812.7)	(2825.9)
权益净变		262.9	(469.1)	279.7
债务净变		4108.0	6950.2	8155.7

资料来源：2015 年第三季度资金流动数据。

贷款家庭从自由的汽车融资市场中受益，但是高等教育贷款大幅
增加，这呈现的是一个更为复杂的局面。学生贷款总额已超过 1 万亿
美元，我们不得不担忧这些贷款会对组建新家庭带来多大的限制。

表 15.3   国内未清偿非金融债务构成（选定时期）

	单位：十亿美元			
	1990 年	2000 年	2008 年	2015 年第一季度
国内未清偿非金融债务合计	10827	18122	33755	41736
家庭债务	3568	6960	13851	13509
非金融企业债务	3774	6579	10688	12178
联邦政府债务	2498	3385	6362	13087
地方及各州政府债务	987	1198	2855	2963

续表

	较上一期变动（%）			
	1990 年	2000 年	2008 年	2015 年第一季度
国内未清偿非金融债务合计	—	67. 37	86. 27	23. 64
家庭债务	—	95. 06	99. 02	− 2. 47
非金融企业债务	—	74. 33	62. 45	13. 94
联邦政府债务	—	35. 51	87. 93	105. 72
地方及各州政府债务	—	21. 32	138. 37	3. 75

	占 GDP 比重（%）			
	1990 年	2000 年	2008 年	2015 年第一季度
国内未清偿非金融债务合计	181. 07	176. 20	229. 34	236. 26
家庭债务	59. 67	67. 67	94. 10	76. 47
非金融企业债务	63. 11	63. 97	72. 61	68. 94
联邦政府债务	41. 78	32. 91	43. 22	74. 08
地方及各州政府债务	16. 51	11. 65	19. 40	16. 77

资料来源：联邦储备委员会。

美国金融市场面临的另一大转变是金融集聚程度大幅加剧。快速集聚始于 20 世纪 90 年代，在 2008 年经济大衰退期间新增势头放缓。正如我在"'大到不能倒'危机"（第 8 章）中指出的，美国十大金融巨头持有的资产占总金融资产的 80% 左右。截至 1990 年，美国有 15400 家获得 FDIC 保险的存款机构。2000 年，这一数字下降到 9900 家；2008 年，下降到 8400 家；现在，获得 FDIC 保险的存款机构只有 6300 家。

美国资产管理行业管理着价值近 53 万亿美元的金融资产的分配，该行业中最大的十家公司管理的金融资产占行业总额的三分之一。

在共同基金领域，美国金融研究办公室（U. S. Government Office

of Financial Research）的报告指出，在 2013 年年初，极少数几家——最大的五家共同基金公司掌管全国一半的共同基金资产，价值高达 6.6 万亿美元。全国 75% 的共同基金资产掌握在规模最大的前 25 家公司手中。

如前所述，独立的华尔街证券公司数量已经大幅下降。只有两家知名公司——高盛和摩根士丹利还在独立运作，但是它们也已经转为了银行控股公司。

金融集聚问题突出，已经产生了深远而广泛的影响，而且会持续产生深远而广泛的影响。首先，金融集聚转变了金融市场的竞争格局：交易商、承销商和做市商大幅减少，这正在扩大证券价差、抬高融资成本。

此外，随着金融集聚程度的加深和多元化程度的降低，市场上更容易出现急剧转变。资产价格波动会更加频繁、涉及范围会更广，即使是最合理的权益和信用最好的债务的最可靠的价格也难以幸免。而且这不会局限于美国金融市场，而是会日益成为全球现象，这是因为美国金融巨头已经将业务拓展到全球各地，而且市场信息也能瞬间传遍全球。主要做市商越少，市场力量运作的效力就越低。

另一个结果是，战后初期，中央银行发挥的作用不是太大，但是现在中央银行仍会继续扮演一个积极而惹眼的角色。从本质上讲，市场流动性的传统来源已经减少了，因此，中央银行就被迫成了最重要的流动性缓冲器——增加流动性的第一来源。这个事实也反映了央行未来的角色。我从另一个稍有不同的角度来陈述这个问题：过去几十年，未清偿可流通证券的数量大幅上涨。但是，做市交易集聚程度越来越高。这对于市场而言是不利的，因为市场是流动性的来源。因此，国家作为流动性的来源的作用愈发明显。2008 年国际金融危机就是一个典型的案例。

金融集聚程度加深，就是货币政策出现大转变的一个主要因素。第二次世界大战后，美联储一般会同时降低利率和降低储备金要求来应对经济衰退。但是，2008年国际金融危机爆发时，这两种方式已经不足以应对危机了。由于金融集聚程度较高，任何一家大型金融企业倒闭的可能性都会引发系统性风险。因此，货币政策在危机管理中变得更为关键。现在，美联储已不能退出其如此惹眼的新角色了。

实际上，美联储之所以会走到这一步，是因为其未能理解金融市场中的结构性转变对货币政策的影响。在证券化金融资产和金融衍生品深深扎根于市场前，中央银行没有认真关注过这些工具。美联储毫不迟疑地同意废除《格拉斯—斯蒂格尔法案》，而没有明确告诉国会金融集聚会如何妨碍金融市场的运作和传统货币政策的实施；美联储也未能向立法者说明《多德—弗兰克法案》的规定会将美联储卷入对金融机构的监督和管理之中，而国会认为这些金融机构已经"大到不能倒"。这个角色超出了中央银行的传统权限。极为讽刺的是，美联储政策的缺陷恰好让美联储在公众面前赢得了美名，在政策方面取得了举足轻重的地位，过去几十年尤为如此。

金融市场发生结构性转变的另一个结果是，即使市场参与者认为美联储能回归货币常态，但是在这个方面，美联储几乎不会再取得什么进展。在实施量化宽松的末期，美联储给予了市场参与者些许鼓励。他们希望逐步提高短期利率最终能使利率结构与以前的模式更一致；他们希望在降低其资产负债表规模方面美联储能取得重大进展。

但是，美联储近期或远期（在特定情况下）是否会大幅降低其资产负债表规模仍大有问题。中央银行持有到期证券或将证券投回市场，实际上是通过降低银行准备金来实行某种货币紧缩。当美联储执行逆回购协议时，银行准备金也会减少；但是放松回购，银行储备金会重新增加。为了让美联储能卖出所有证券，以此降低银行储备金和市场中的贷款数量，我们就需要通货膨胀率大幅上升。倘若美联储清算其投资组合中的证券，就得好好关注美联储卖的是所有到期证券还是短期债券或是长期债券。如果是后者，则说明美联储仍在影响收益率曲线的走向。

再进一步的结果是，美联储很可能会实施超越量化宽松的干涉主义政策。对所谓的"大到不能倒"的大型金融机构进行压力测试不过是官方监管行动主义的外在表现。美联储的另一个大动作目前已经被忽视了：如今，政府监管人员已经进驻到各大金融机构，以监管其各项活动，有些监管人员甚至出席董事会议。

美联储即将采取选择性贷款干预政策，借此利用直接指引、进行有力的道义劝告，以便规避广泛的市场投机行为。还需要收紧货币政策的话，这一举措很可能就没有可替换方案了，因为在一个大型金融机构不能倒闭的金融市场中，传统的货币限制都会落到其他（小一些的）机构身上。其中一些机构就会倒闭，但是其资产会被其他机构吸收，这会进一步加剧金融集聚。因此，选择性贷款市场干预就是一种针对信用创造的熔断机制，与第二次世界大战刚结束时最初那几十年间针对定期存款和储蓄存款的利率上限差不多。

鉴于美联储所扮演的角色越来越活跃，其准政治独立性很可能会受到各个政治派别的质疑。我在前面的章节中提到过，美联储面临的压力会不断加大，直至其对美联储委员会的组成、联邦公开市场委员会的组成、地区联储主席的选举等进行改革。

与此同时，在官方监管机构监视下的大型资产管理公司很快就会发现其股份规模会影响积极型投资组合管理，继而招致更多的官方监管。如前所述，试想一下，如果多家大型机构同时想要清算其权益和债务，会怎么样（或许他们的市场形象在差不多同一时间都已经变成负面了）。届时谁有能力挺身而出进行收购？

眼下，美国金融市场结构中还有很多方面仍被忽视，其中之一是，现有市场结构不足以为经济活动大幅增加资金。就新型金融体系而言，很难想象信贷市场能维持高得多的利率。此外，（从周期角度来看）私营领域的贷款需求方已经背负了很高的债务；所以更高的利率就会带来严重的再融资问题。如前所述，自大萧条末期以来，企业的信用质量未曾得到改善。利润增长可能会放缓，虽然高级别并购还在继续，但是我们会发现越来越多的企业债务会代替权益。

家庭方面不能通过后周期比例来提高贷款额度。如表 15.2 所示，家庭借贷已经处于较高水平。未来家庭债务周期性增长会引发新一轮信用质量下滑，除非家庭收入大幅增长，但这种情况不太可能出现。

只有美国政府有能力大幅增加贷款。美国政府债务占 GDP 的百分之一，不会影响其信用评级。美国政府公开持有债务的平均期限是 70个月，而在 2009 年，债务平均期限不到 49 个月。在可预见的未来，作为主要储备货币，美元不太可能会面临挑战。因此，美元不会对美国政府的贷款能力构成威胁。那些支持中性财政立场的人，现在遇到了一个复杂难解的问题：如果私营领域的借贷者不能提高贷款额度，要如何保持经济增长？既要保持中性财政政策立场，又要让实际 GDP增长 2.5% ~ 3%，要怎么做？事实无法改变：没有信用增长，就没有经济增长。毫无疑问，增加财政刺激，需要一些政治策略。保守党会支持减税，而自由党会支持增加政府支出。而将两者相结合的做法也不是什么新鲜事。

金融市场不断发展，官方政策会对其产生影响，而利率模式则摆脱不了两者的共同影响。如前所述，市场流动性下降及信用质量下滑会导致剧烈的市场波动。继而，美联储会进行公开市场劝告、按照整条收益率曲线进行公开市场回购、实施选择性信贷分配来稳定市场。

最终，大型金融机构的投资基金就会出现较高程度的集聚，而这也会迫使美联储扩大资产采购范围，以稳定市场。

这些发展——金融市场的新结构和官方政策响应会提出一个大难题：长期而言，利率会呈现什么样的走势？这种趋势被称为长期趋势，跨越很长一段时间，可能长达数十年。其间，利率会出现上下波动。即使会被一年内到几年的波动打断，但是这种大范围波动也会非常明显。

表15.4和图15.2显示了这些波动。与我在1986年出版的书相比，本书提供了最新数据，以悉尼·霍默的开创性著作为基础。自第二次世界大战以来，利率长期波动的幅度前所未见。第二次世界大战以前，长期利率波动——从波峰到波谷或是从波谷到波峰在长期牛市中是从23%上升到54%，在长期熊市中是从31%上升到65%。形成鲜明对比的是，始于1945年，持续了35年之久的超长期熊市，将长期利率从2.45%的低点提高到了13.6%的高点（请注意，这些都是年平均数）。此后，长期牛市从1981年开始，尚未结束，已经持续了35年。其间，收益率从13.6%跌到了2.2%。

至于未来的利率长期趋势，我在1986年出版的书中曾指出："截至目前，在利率预测中，最复杂的是预测利率长期趋势转变。在所有投资与投资组合分析中，预测利率长期趋势转变最为复杂、难度最大。"这个观点，在1986年是对的，放在今日也是如此。利率提高往往和战争与通货膨胀率上升有关，而利率下降则往往与更长期的经济稳定及经济萧条和通货紧缩联系在一起。

表 15.4　　　　　　　　**美国长期利率长期波动**

	年均收益率			变动		持续时间
	峰值	谷值	峰值			
政府：	%	%	%	基点	%	年
1798	7.56					
1810		5.82		-174	-23	12
1814			7.64	182	31	4
				8		16
1814	7.64					
1824		4.25		-339	-44	10
1842			6.07	182	43	18
				-157		28
1842	6.07					
1853		4.02		-205	34	11
1861			6.45	243	60	8
				38		19
企业：						
1861	6.45					
1899		3.2		-325	-50	38
1920			5.27	207	65	21
				-118		59
1920	5.27					
1946		2.45		-282	-54	26
1981			13.57	1112	454	35
				830		61
政府：						
1981	13.45					
2015		2.84	暂无	-1061	-79	34

资料来源：西勒与霍默（2005），已补充近期数据。

不过，不止于此，还有很多要素需要考量，如金融监管变化、政府维稳政策、金融创新及与国际市场关联联系。我依旧认为，预测利率的长期趋势转变就像站在大街中央，试着猜测街角会出现什么一样。即便如此，一边全心全意地关注典型的周期性要素，一边却忽视长期利率趋势，市场参与者这是自冒风险。

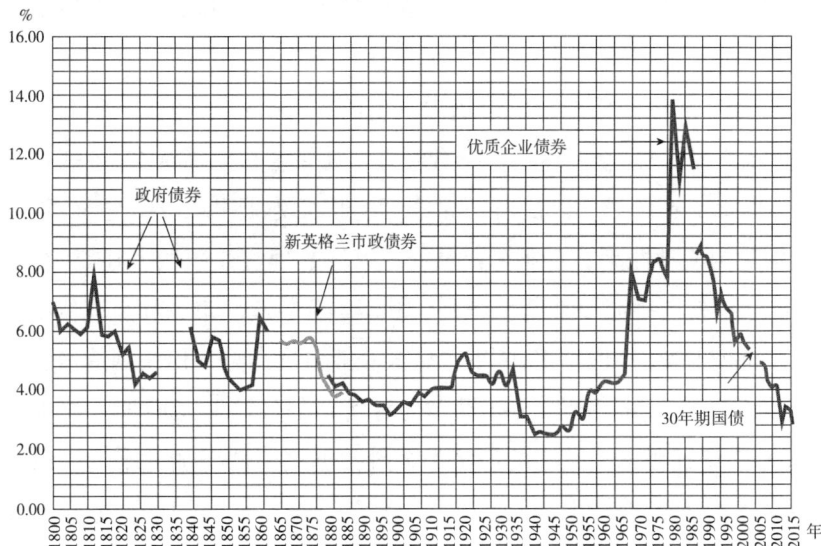

资料来源：考夫曼（1986），已补充近期数据。

图 15.2　美国长期高级债券（1800—2015 年）

铭记这些警告，以下是个人针对下一轮长期利率上升的一些想法。政府债券收益率长期下滑的趋势已于去年结束，当时的收益率跌至2.1%（威格尔斯沃思，2016）。从今往后，关键的是市场是否会经历另一轮利率波动——像 1946—1981 年一样出现大幅上涨。对此，我深表怀疑，因为近期美国金融市场和官方政策都经历了深刻转变。大型金融机构已经失去了大部分激进地参与投融资交易的权力。这些金融机构已经成了公共金融机构，在官方监管机构的密切监管下开展业务，非常像公用事业。当然，这些急剧转变会对利率走势造成巨大影响。与此同时，由于私营领域的主要借贷者的信用度不够高，不能获得大量贷款。前面也提到过，市场流动性下降会导致金融市场波动，继而美联储会尝试按照整条收益率曲线进行公开市场回购、实施选择性信贷分配来进行控制，以应对极端波动。实际上，大型金融机构集聚大部分投资基金，这很可能会迫使美联储扩大资产采购范围，以便稳定市场。

近期在美国经济与金融市场中发生的各大事件已经被一些人称为"新常态"了。这个"标签"不合时宜。如果这是"新常态"，那什么又是"旧常态"呢？以前有旧常态吗？旧常态是指 20 世纪 50 年代（金融机构流动性高、企业保守融资、家庭合理贷款）吗？还是 60 年代和 70 年代（通货膨胀势头增强、利率达到新高、市场和经济似乎扩张）？抑或是 80 年代到 2007 年（金融企业过度激进、信用创造前所未有，最终影响经济活动）？如果真的有所谓的经济常态时期，那也不过是一个统计概念，其中的经济和金融数据周期性叠加并平均，以满足某种称作规范的标准。假设这种统计概念能够派上用场，那只不过是画饼充饥罢了。

最好认清现实：我们不能再回家了，我们无法回到过去。为了更好地理解新的现实经济状况，我们需要新的经济金融分析方式。在启蒙运动期间，亚当·斯密发现了资本主义的主要运作方式和人性与社会组织有关。在（欧洲）革命时代，通过对各个时期和社会的大量分析，卡尔·马克思（Karl Marx）揭露了资本主义的阴暗面。在 20 世纪现代资本主义危机频频爆发时，约翰·梅纳德·凯恩斯创新思路，思考市场与国家之间的关系。弗里德里希·冯·哈耶克和米尔顿·弗里德曼都具有斯密的风格，他们展现了价格信号和市场调节的强大威力。但是这些杰出的分析师理解得如此透彻的经济和金融体系还在不断演化，正如资本主义仍在发展。过去几十年，我们基于未必准确的历史数据进行了大量量化经济分析，但过度依赖这些分析也难以引导我们走出泥潭。按照早期著名政治经济学家的传统观点，我们现在特别需要一个更加全面的方法，来帮助我们理解金融和经济行为的内在联系。

在本书中及在本章节，我已经探讨了诸多发生在金融市场中的结构性转变——由结构、技术、政治和市场转变引起的广泛转变。虽然说这些转变不一定是永久性转变，但是它们会对未来全球经济和金融产生重大而持久的影响。以下是总结金融市场中的八大结构性转变。实际上，金融市场中出现的结构性转变远不止于此，但是我认为这八大转变是重要的，却也是最不受重视的：

- 在私营领域，金融流动性的概念原本以家庭和企业资产负债表中的资产方为主，现在则侧重贷款能力。家庭流动性仍包括短期资产，但现在也包括获得房屋抵押贷款的能力和未使用的消费信用额度。如今，企业流动性包括未使用的信用额度及对其在公开市场获得贷款的预期能力。

- 金融资产适销性的现实情况已经发生了变化，变得难以理解。过去，隐含的假定是，市场参与者总会提供一个切实可行的交易价。现在，这种假定已不成立。相反，过去几十年，私营领域的信用质量恶化，现在就在某一利率周期的各个阶段以某一价格交易的成交量存在潜在的不确定性。

- 过去几十年，企业权益没怎么增加，企业债务却大幅增加。在以后的金融危机中，商业债权人会因此而面临巨额损失。垃圾债券投资情况大有好转，但是这种趋势不会再继续，因为企业信用质量还会继续下滑。

- 大型金融机构持有大量私人储蓄和短期资金，难逃"大到不能倒"的命运。因此，不论当权政府有何政治倾向，它们都正日渐成为公共金融机构。

●在不扰乱金融市场的前提下，大型机构投资者的投资组合偏好不能有较大转变。他们最多能进行渐进性转变。试想一下，两三家大型机构决定要将投资组合风险降低20%，会怎么样？谁会买？会出多少钱？谁会接手这些风险？

●在高度集聚的金融市场中，只有占领小市场份额的参与者能获得大量收益。当然，某些情况下，它们也会面临惨重损失，甚至破产。

●当私营领域的金融资产高度集聚时，只有中央银行能够提供大量流动性，这使其难以降低其引人注目的程度或降低其在稳定金融市场中的作用。

●讽刺的是，美联储跃升到如此重要的地位并不是因为美联储取得的成就，而是由于其不足。

时过境迁，美国金融行业发生了很多翻天覆地的变化，战后最初几十年的形势一去不复返。最好认清现实：我们不能再回家了。为了更好地理解新的现实经济状况，我们需要新的经济金融分析方式。过去几十年，我们基于未必准确的历史数据进行了大量量化经济分析，但过度依赖这些分析也难以引导我们走出泥潭。我们现在特别需要一个更加全面的方法，来帮助我们理解金融和经济行为的内在联系。

参考文献

Adams, Richard V. , et al. , eds. 1994. *The Art of Monetary Policy.* Armonk, NY: M. E. Sharpe.

Aliber, Robert Z. , and Charles P. Kindleberger. 2015. *Manias, Panics, and Crashes: A History of Financial Crises.* 7th ed. New York: Palgrave Macmillan.

Ball, Laurence. "The Fed and Lehman Brothers. " Paper presented at the National Bureau of Economic Research Conference on Monetary Economics, July 14, 2016.

Bernanke, Ben S. , ed. 2000. *Essays on the Great Depression.* Princeton: Princeton University Press.

Bernanke, Ben S. 2015. *The Courage to Act: A Memoir of a Crisis and Its Aftermath.* New York: W. W. Norton & Company.

Bremner, Robert P. 2004. *Chairman of the Fed: William McChesney Martin Jr. , and the Creation of the Modern American Financial System.* New Haven: Yale University Press.

Bucheli, Marcelo, and Daniel Wadhwani, eds. 2015. *Organizations in Time: History, Theory, Methods.* Oxford: Oxford University Press.

Burns, Arthur F. "The Anguish of Central Banking. " The 1979 Per Jacobsson Lecture, Belgrade, Yugoslavia, September 30, 1979.

"Business Day. " *New York Times* , January 15, 1995.

Calomiris, Charles W. 2000. *U. S. Bank Deregulation in Historical Perspective.* Cambridge, UK: Cambridge University Press.

Carney, Mark. "Inclusive Capitalism: Creating a Sense of the Systemic." Address delivered at the Conference on Inclusive Capitalism, London, May 27, 2014.

Conti – Brown, Peter. 2016. *The Power and Independence of the Federal Reserve.* Princeton: Princeton University Press.

Dunn, Donald H. 1975. *Ponzi: The Incredible True Story of the King of Financial Cons.* New York: Broadway Books.

Eichengreen, Barry J. 1992. *Golden Fetters: The Gold Standard and the Great Depression, 1919 – 1939.* New York: Oxford University Press.

Eichengreen, Barry J. 2015. *Hall of Mirrors: The Great Depression, the Great Recession, and the Uses and Misuses of History.* New York: Oxford University Press.

Enrich, David. "Six Ex – Brokers Acquitted of Libor Rigging in London." *Wall Street Journal*, January 27, 2016.

Fairlie, Robert W. , et al. "2015, The Kauffman Index, Startup Activity, National Trends." Ewing Marion Kauffman Foundation, June 2015.

Financial Crisis Inquiry Commission. *The Financial Crisis Inquiry Report.* Washington, D. C. : U. S. Government Printing Office, January 2011.

Flaherty, Michael. "At Least 113 Staffers at U. S. Fed Earn More Than Yellen." *Reuters*, October 17, 2014.

Friedman, Walter A. 2014. *Fortune Tellers: The Story of America's First Economic Forecasters.* Princeton: Princeton University Press.

Fullerton, Don. "Tax Policy." In *American Economic Policy in the 1980s*, edited by Martin Feldstein, 165 – 233. Chicago: University of

Chicago Press, 1994.

Greenspan, Alan. 2007. *The Age of Turbulence: Adventures in a New World.* New York: Penguin Press.

Guill, Gene D. "Bankers Trust and the Birth of Modern Risk Management." The Wharton School, University of Pennsylvania, March 2009.

Hickman, W. Braddock. 1958. *Corporate Bond Quality and Investor Experience.* Princeton: Princeton University Press.

Hill, Claire A. , and Richard W. Painter. 2015. *Better Bankers, Better Banks: Promoting Good Business through Contractual Commitment.* Chicago: University of Chicago Press.

"Hodges Plans 62 Drive On 'Economic Illiteracy'. " *New York Times* , February 10, 1962.

Homer, Sidney, and Richard Sylla. 2005. *A History of Interest Rates.* 5th ed. Hoboken, NJ: Wiley.

Kaufman, Henry. 1986. *Interest Rates, the Markets, and the New Financial World.* New York: Times Books.

Kaufman, Henry. 2000. *On Money and Markets: A Wall Street Memoir.* New York: McGraw – Hill.

Kaufman, Henry. 2009. *The Road to Financial Reformation: Warnings, Consequences, Reforms.* Hoboken, NJ: John Wiley & Sons, Inc.

Klein, Maury. 2003. *Rainbow's End: The Crash of 1929.* New York: Oxford University Press.

Krantz, Matt. "6% of Companies Make 50% of U. S. Profit. " *USA Today* , March 2, 2016.

Liaquat, Ahamed. 2009. *Lords of Finance: The Bankers Who Broke the World.* New York: Penguin Press.

Lowenstein, Roger. 2000. *When Genius Failed: The Rise and Fall of Long – Term Capital Management.* New York: Random House.

Lowenstein, Roger. 2015. *America's Bank: The Epic Struggle to Create the Federal Reserve.* New York: Penguin Press.

"Martin Compares Present Boom To Period Before the Depression. " *New York Times*, June 2, 1965.

Mayer, Martin. 1993. *Nightmare on Wall Street: Salomon Brothers and the Corruption of the Marketplace.* New York: Simon & Schuster.

McClannahan, Ben. "Banks' Post – Crisis Legal Costs Hit £ 200bn. " *Financial Times*, June 8, 2015.

McCormick, Roger. "Conduct Becoming Costly. " *Financial World*, June/July 2015.

McDonald, Lawrence G. , and Patrick Robinson. 2009. *A Colossal Failure of Common Sense: The Incredible Inside Story of the Collapse of Lehman Brothers.* New York: Crown Business.

Minsky, Hyman P. 1986. *Stabilizing an Unstable Economy.* New Haven: Yale University Press.

Morison, Elting E. 1966. *Men, Machines, and Modern Times.* Cambridge, MA: The MIT Press.

O'Rourke, Kevin H. , and Jeffrey G. Williamson. 1999. *Globalization and History: The Evolution of a Nineteenth – Century Atlantic Economy.* Cambridge, MA: MIT Press.

Philipsen, Dirk. 2015. *The Little Big Number: How GDP Came to Rule the World and What to Do about It.* Princeton: Princeton University Press.

Posen, Adam S. "Big Ben: Bernanke, the Fed, and the Real Lessons of the Crisis. " *Foreign Affairs* 91: 1, January/February 2016, pp. 154 – 159.

Sacks, Jonathan. 2000. *A Letter in the Scroll: Understanding Our Jewish Identity and Exploring the Legacy of the World's Oldest Religion.* New York: Free Press.

Salter, Malcolm S. 2008. *Innovation Corrupted: The Origins and Legacy of Enron's Collapse.* Cambridge, MA: Harvard University Press.

Sanford, Charles S., Jr. " Social Contract. " Address, September 1992.

Sanford, Charles S., Jr. "Financial Markets in 2020. " Address, August 1993a.

Sanford, Charles S., Jr. "The Social Value of Financial Services. " Address, October 1993b.

Sanford, Charles S., Jr. "Managing the Transformation of a Corporate Culture: Risks and Rewards. " Address at the Wharton School, University of Pennsylvania, November 14, 1996.

Shane, Scott. 2008. *The Illusions of Entrepreneurship.* New Haven, CT: Yale University Press.

Silber, William L. 2012. *Volcker: The Triumph of Persistence.* New York: Bloomsbury Press.

Sobel, Robert. 1993. *Dangerous Dreamers: The Financial Innovators from Charles Merrill to Michael Milken.* New York: John Wiley & Sons, Inc.

Sovich, Nina. " Could You Pass Sixth – Grade Economics?" *Wall Street Journal* , March 1, 2016.

Suskind, Ron. 2012. *Confidence Men: Wall Street, Washington, and the Education of a President.* New York： Harper Perennial.

Temin, Peter. 1989. *Lessons from the Great Depression.* Cambridge, MA： MIT Press.

Thatcher, Margaret. 1993. *The Downing Street Years.* New York： HarperCollins.

"Tough Rules Threaten Banker Pay. " *Wall Street Journal* , April 22, 2016.

Treaster, Joseph B. 2004. *Paul Volcker： The Making of a Financial Legend.* Hoboken, NJ： John Wiley & Sons.

Turner, Adair. 2016. *Between Debt and the Devil： Money, Credit, and Fixing Global Finance.* Princeton： Princeton University Press.

U. S. House of Representatives, Committee on Oversight and Government Reform. "Hearings on the Financial Crisis and the Role of Federal Regulator. " Washington, D. C. , October 23, 2008.

Vanasek, James G. "Statement of Former Chief Credit Officer/Chief Risk Officer 1999 – 2005. " Washington Mutual Bank, Before the Senate Permanent Subcommittee on Investigations, April 13, 2010.

Volcker, Paul A. "Central Banking at a Crossroad： Remarks by Paul A. Volcker Upon Receiving the Economic Club of New York Award for Leadership Excellence. " Address before the Economic Club of New York, May 29, 2013.

Wigglesworth, Robin. "Henry Kaufman says Trump will help kill 30 – year bond rally. " *Financial Times* , November 11, 2016.

Wolfe, Martin. 2014. *The Shifts and the Shocks： What We've Learned—and Have Still to Learn—from the Financial Crisis.* New York： Penguin Press.

Zweig, Phillip L. 1995. *Wriston: Walter Wriston, Citibank, and the Rise and Fall of American Financial Supremacy.* New York: Crown Publishers, Inc.